享用一生的中华格言

本书编写组◎编

XIANGYONG YISHENG DE
ZHONGHUA GEYAN

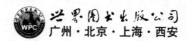

世界图书出版公司

广州·北京·上海·西安

图书在版编目（CIP）数据

享用一生的中华格言／《享用一生的中华格言》编
写组编 . —广州：广东世界图书出版公司，2010. 4（2024.2 重印）
ISBN 978 - 7 - 5100 - 2186 - 2

Ⅰ. ①享… Ⅱ. ①享… Ⅲ. ①汉语 - 格言 - 汇编 - 青
少年读物 Ⅳ. ①H136. 3 - 49

中国版本图书馆 CIP 数据核字（2010）第 070750 号

书　　名	享用一生的中华格言	
	XIANGYONG YISHENG DE ZHONGHUA GEYAN	
编　　者	《享用一生的中华格言》编写组	
责任编辑	康琬娟	
装帧设计	三棵树设计工作组	
出版发行	世界图书出版有限公司　世界图书出版广东有限公司	
地　　址	广州市海珠区新港西路大江冲 25 号	
邮　　编	510300	
电　　话	020-84452179	
网　　址	http://www.gdst.com.cn	
邮　　箱	wpc_gdst@163.com	
经　　销	新华书店	
印　　刷	唐山富达印务有限公司	
开　　本	787mm×1092mm　1/16	
印　　张	13	
字　　数	160 千字	
版　　次	2010 年 4 月第 1 版　2024 年 2 月第 10 次印刷	
国际书号	ISBN　978-7-5100-2186-2	
定　　价	49.80 元	

前　言

中华民族具有五千年的文明历史。早在先秦时期，就产生了以孔子、孟子为代表的儒家学说和以老子、庄子为代表的道家学说，经过不断的发展，逐渐形成了博大精深、源远流长的中华文化。言简意赅、朗朗上口、便于传诵的格言是优秀的中国文化的有效载体之一，是中国文化的一颗璀璨的明珠。

从结构上来说，格言都是相对独立、相对完整的语句，完全可以独立地用来表达作者的思想。从内容和作用上来说，格言都是积极向上的，是人生规律和经验的总结，具有劝诫和教育作用。

因此，本书以"劝诫人、教育人"为标准，在众多的格言之中精心挑选了能够启迪人生、开发智慧、督促行为等的格言结集成书。全书分为德行篇、人生篇、理想篇、求知篇和处世篇五部分，每部分都收录了现代格言和古代格言。现代格言浅显易懂，古代格言大多是比较晦涩的文言文。为了避免青年朋友在阅读古代格言的过程中囫囵吞枣、食而不知其味，我们给出了相关译文，希望能够帮助大家更好地理解。

把格言当作座右铭来读,能焕发青少年健康、蓬勃的活力,能引导他们树立起正确的世界观、人生观和价值观,定下积极向上的人生基调。

让我们共同走进这本《享用一生的中华格言》吧!

编　者

目　录

享用一生的中·华·格·言

德 行 篇

❀ 爱国心为立国之要素。

❀ 安逸的暖流,能腐蚀意志的长堤;勤奋的飞瀑,能冲开智慧的闸门。

❀ 不能用人的长处,便是自己的短处。

❀ 创业艰辛须努力,求知深广要谦虚。

❀ 海的伟大是因为它能容纳千江万河;海的平凡是因为它来源于一点一滴。

❀ 横眉冷对千夫指,俯首甘为孺子牛。

❀ 建筑人格长城的基础,是道德。

❀ 骄傲是胜利下的蛋,孵出来的却是失败。

❀ 宽容是停泊爱心的港湾。

❀ 千教万教教人求真,千学万学学做真人。

❀ 请注意宽容与忍让的区别,前者是平静的大海,后者是待喷的火山。

❀ 人的生命是有限的,可是,为人民服务是无限的,我要把有限的生命投入到无限的为人民服务之中去。

❀ 人我之际,须看得平;功名之际,须看得淡。

✿谁能早一点闯过不爱虚荣的关,谁就能更好地做出成绩。

✿使心田荒芜的是懒惰,使心田歉收的是自满,使心田毁灭的是虚伪,使心田常绿的是希望。

✿世界上最大的容器叫胸怀。

✿手莫伸,伸手必被捉。

✿私账混入公账,公账混入私账,就是混账。

✿外表美的缺陷可以用内心美来弥补,而心灵的卑污却不是外表美可以抵消的。

✿心底无私天地宽。

✿虚心使人进步,骄傲使人落后。

✿学大海,纳百川,让自己容量无限。

✿学会坚强,做一只沙漠中永不哭泣的骆驼!

✿有一分热,发一分光。

✿在温室里培养出来的东西,不会有强大的生命力。

✿早起的鸟儿有虫吃。

✿稚子之心,美在无邪;少女之心,美在无瑕;志士之心,美在无私;壮士之心,美在无畏。

✿自尊不是轻人,自信不是自满,独立不是孤立。

✿最简单的事是坚持,最难的事还是坚持。

❀爱人多容,可以得众。

译文:以宽容之心来爱人,就可以得到众人的支持。

❀爱之不以道,适所以害之也。

译文:爱他的方式如果不正确,恰恰是害了他。

❀安得广厦千万间,大庇天下寒士俱欢颜。

译文:怎么才能得到千万间宽敞的房屋,使天下贫寒的读书人都能高高兴兴地住在里面呢?

❀安能摧眉折腰事权贵,使我不得开心颜。

译文:怎么能低下头、弯下腰来侍奉那些有权势的人,使我不能高兴呢?

❀安危不贰其志,险易不革其心。

译文:无论安定还是危险都不背叛自己的志向,不管是困难还是容易都不改变自己的操守。

❀傲不可长,欲不可纵,志不可满,乐不可极。

译文:傲慢不可以增长,私欲不可以放纵,志向不可以满足,享乐不可以过度。

❀傲为凶德,惰为衰气。

译文:骄傲会惹来灾祸,懒惰能导致衰败。

❀白璧本不瑕,青蝇亦何为。

译文:如果洁白的美玉上本来就没有一点杂色斑点,那么青蝇又能怎样呢?

❀白头虽老赤心存。

译文:人虽然老了,但报效国家的红心还依然不变。

❀白玉虽尘垢,拂拭还光辉。

译文:白玉虽然蒙上了尘埃污垢,擦拭后依旧光辉四射。

❀百尺竿头,更进一步。

译文:即使到了百尺竿子的顶端,也还要继续努力向上。

❀百尺无寸枝,一生自孤直。

译文:松树长得很高大也没有分枝,它的一生就是这样的
笔直。

❀百川有余水,大海无满波。

译文:江河的水多了就会泛滥成灾,大海却没有满的时候,
可以随时容纳百川之水。

❀百闻不如一见。

译文:听别人说一百次,不如自己亲眼见一次。

❀报国之心,死而后已。

译文:报效国家的心愿,一直到身死了才会停止。

❀蚌死留夜光,剑折留锋芒。

译文:蚌死了会留下宝贵的珍珠,剑折断了会留下锋芒。

❀别而听之则愚,合而听之则圣。

译文:片面听取意见是愚蠢的,多方采纳意见是聪明的。

✿冰雪林中著此身,不同桃李混芳尘。

译文:(白梅)在冰雪的森林中安身,不和桃花李花混在
     一起。

✿不傲才以骄人,不以宠而作威。

译文:不因为有才能就在别人面前骄横,不因为受宠爱就在
     别人面前耍威风。

✿不宝金玉,而忠信以为宝。

译文:不把金当作宝贝,而把忠信当作宝贝。

✿不别亲疏,不殊贵贱,一断于法。

译文:不分关系的亲密、疏远,不分出身的高贵低贱,一切都
     用法律来判断。

✿不得志,独行其道。

译文:不得志的时候,便独自坚持自己的原则。

✿不登高山不知天之高也,不临深渊不知地之厚也。

译文:不登到高山的顶上,不会了解天有多高;不来到深水
     旁边,不会知道地有多厚。

✿不共春风斗百芳,自甘篱落傲秋霜。

译文:菊花不在春风中与百花争芳斗艳,甘愿屈处篱笆旁边
     傲迎秋霜。

✿不恒其德,无所容也。

译文:人不能恒久地保持自己高尚的道德品行,就会无容身

　　　之处。

✿不患无位,患所以立;不患莫己知,求为可知也。

译文:不要担心没有职位,而要发愁自己没有足够的本领;

　　　不要担心没人了解自己,而要发愁自己没有值得别人

　　　重视的本领。

✿不降其志,不辱其身。

译文:不降低自己的志向,不辱没自己的清白。

✿不矜贵,何羡名;不要势,何羡位。

译文:不注意富贵,为什么要贪慕虚名呢? 不贪图权势,为

　　　什么要贪慕高位呢?

✿不精不诚,不能动人。

译文:不细心、不真诚就不能够打动别人。

✿不扣不鸣者,黄钟大吕;嚣嚣聒耳者,陶盆瓦釜。

译文:不轻易演奏的,是正大、高雅的音乐;总是发出嘈杂刺

　　　耳的声音的,是不值钱的盆和锅。

✿不愧于人,不畏于天。

译文:对人不惭愧,对天下不畏惧。

✿不能忍诟,不足为人。

译文:不能忍受耻辱的人,就不能成为一个完全的人。

✸不能胜寸心,安能胜苍穹。

译文:不能战胜自我,怎能战胜外界万物呢?

✸不能正其身,如正人何?

译文:如果自身都不端正,怎么能端正别人呢?

✸不迁怒,不贰过。

译文:不向别人发泄怨气,不犯同样的过错。

✸不求无益之物,不蓄难得之货。

译文:不追求没有用处的东西,不收藏罕见的物品。

✸不曲道以媚时,不诡行以徼名。

译文:不做不合道义的事讨好世俗,不用欺诈的手段求取
名誉。

✸不入虎穴,不得虎子。

译文:不冒险进入老虎居住的洞穴,就得不到小老虎。

✸不实心不成事,不虚心不知事。

译文:不脚踏实地则任何事都不会成功,不谦虚谨慎就不懂
得事理。

✸不是花中偏爱菊,此花开尽更无花。

译文:并不是在所有的花中我对菊花特别偏爱,而是因为菊
花凋谢之后,再也不会有别的花存在了。

❋不为五斗米折腰。

译文:原指陶渊明不为得到俸禄而奉迎上司,后比喻清高,有气节。

❋不信之言,无诚之令,为上则败德,为下则危身。

译文:说不诚实的话,发布虚假的命令,上面的人这样做就会败坏道德,下面的人这样做就会危及自身。

❋不学礼,无以立。

译文:不学习礼仪,就无法立足社会、成就事业。

❋不要人夸好颜色,只留清气满乾坤。

译文:不需要别人夸赞颜色有多好看,只希望将清香的气息留在这天地之间。

❋不以诚立,虽立不久。

译文:没有诚信作为立身的基础,即使成功了也不会维持长久。

❋不以穷变节,不以贱易志。

译文:不因为穷困而改变气节,不因为贫贱而改变志向。

❋不以物喜,不以己悲。

译文:不因为环境的好坏或个人的得失而改变自己的思想感情。

❋不忧一家寒,所忧四海饥。

译文:不担忧自己家里没有东西取暖,担忧的是天下的百姓吃不上饭。

✿不怨天,不尤人。

译文:不抱怨天,不怪罪别人。

✿不知而言,不智;知而不言,不忠。

译文:不知道却信口开河,是不明智的表现;知道了却不说,是不忠诚的表现。

✿不自反,则终日见人之尤也;诚反己,则终日见己之尤也。

译文:如果不经常反省自己,就会整天只看见别人的过失;如果能够真心反省自己,就会经常发现自己的过失。

✿不知足者之忧,终身不解。

译文:不知道满足的人的愁苦,一生都不能得到解脱。

✿不自见,故明;不自是,故彰;不自伐,故有功;不自矜,故长。

译文:不自我表现,所以高明;不自以为是,所以出色;不自我夸耀,所以能建立功勋;不骄傲自满,所以能够长久。

✿财不如义高,势不如德尊。

译文:财富不如仁义崇高,权势不如道德尊贵。

✿操千曲而后晓声,观千剑而后识器。

译文:练习一千支乐曲之后才能懂得音乐,观察过一千柄剑之后才会识别兵器。

✿草木秋死,松柏独存。

　　译文:一般草木到秋天就枯萎而死;只有松柏,不怕霜冻,永
　　　　不凋零。

✿恻隐之心,人皆有之。

　　译文:同情心,人人都有。

✿长太息以掩涕兮,哀民生之多艰。

　　译文:我长叹一声啊,止不住那眼泪流了下来,我是在哀叹
　　　　人民的生活是多么的艰难。

✿诚,自不妄语始。

　　译文:诚实,应该从不说假话开始。

✿诚者,天之道也;思诚者,人之道也。

　　译文:真诚是自然的规律,努力做到真诚是做人的规律。

✿诚者万善之本,伪者百祸之基。

　　译文:诚实是各种优秀品德的基础,虚伪是各种灾祸的
　　　　根基。

✿诚之一字,可以服天下。

　　译文:诚实,能够使天下人信服。

✿诚知足,天不能贫;诚无求,天不能贱。

　　译文:只要知足,天不能使你贫穷;只要没有奢求,天不能使

你卑贱。

✿持己当从无过中求有过,待人当从有过中求无过。

译文:对待自己要严格,即使没有过错也要仔细查找小的过失;对待别人要宽容,即使有过错也应当看到其好的一面。

✿持其志,无暴其气。

译文:要坚定自己的意志,不要扰乱了自己的意气情感。

✿尺有所短,寸有所长。

译文:尺虽然比寸长,但也有它的短处;寸虽然比尺短,但也有它的长处。

✿侈泰则家贫,骄恣则行暴。

译文:奢侈放纵家境就会贫困,骄横放纵行为必定粗暴。

✿宠位不足以尊我,而卑贱不足以卑己。

译文:显赫的职位不能够让我更加高贵,低贱的地位也不能够让我显得卑微。

✿出淤泥而不染,濯清涟而不妖。

译文:(莲花)虽生长于淤泥之间,却能保持洁净不污;虽洗涤于清水之中,却风姿天然,不显得妖媚。

✿初生之犊不惧虎。

译文:刚出生的小牛不惧怕老虎。

✽锄一恶,长十善。

译文:铲除一恶,可以增进十善。

✽褚小者不可以怀大,绠短者不可以汲深。

译文:袋子小就不能装过大的东西,汲水器上的绳子短就不
能从深井中提水。

✽处满常惮溢,居高本虑倾。

译文:在得意的时候要时常警惕,满了容易溢出来;身处高
位的时候要谨慎,高了容易倾倒。

✽处世忌太洁,圣人贵藏辉。

译文:为人处世不能过分清高,圣贤之人懂得不炫耀自己。

✽春蚕到死丝方尽,蜡炬成灰泪始干。

译文:春蚕到死的时候才把丝吐完,蜡烛烧成了灰才不再流
下烛泪。

✽"聪明"二字不可以自许,"慷慨"二字不可以望人。

译文:"聪明"两个字不能用来称赞自己,"慷慨"两个字不
能拿来期望别人。

✽从谏如顺流,虚己若不足。

译文:听从劝谏应当如同顺流而下的水一样迅速,自己要保
持谦虚的胸怀,好像自己总是有不足。

✽从善如登,从恶是崩。

译文:想要学好就如登山一样困难,而想要学坏就如山崩一样迅速。

❀从善则有誉,改过则无咎。

译文:向别人学习就会受到赞誉,改正过错就没有灾祸。

❀达人情去利心者,行事之本。

译文:通达人情而又远离名利之心,这是做事的根本。

❀大道之行也,天下为公。

译文:实行正道,是让天下成为所有人的天下。

❀大德必得其寿。

译文:品德高尚的人一定能够长寿。

❀大德不逾闲,小德出入可也。

译文:道德在大的方面只要不超越界限,在小节上可以有所出入。

❀大怒不怒,大喜不喜。

译文:遇到特别愤怒的事情不要过于生气,遇到特别高兴的事情也不必过于狂喜。

❀大其心容天下之物,虚其心受天下之善。

译文:心胸宽阔包容天下万物,虚怀若谷接受所有善意的批评和建议。

❀大义灭亲。

译文：为了维护正义，对违反国家利益的亲人不徇私情，使受国法制裁。

✽大丈夫宁当玉碎，安可以没没求活？

译文：大丈夫宁可为保持玉石那样的纯洁品质而粉身碎骨，怎么可以用无所作为来求得活命？

✽待人要丰，自奉要约，责己要厚，责人要薄。

译文：招待别人应该丰厚，对待自己要节俭；责备自己应该严厉，要求别人应该宽容。

✽但得众生皆得饱，不辞羸病卧残阳。

译文：只要能让百姓都吃饱饭，就算身体衰弱疾病缠身也心甘情愿。

✽但攻吾过，毋议人非。

译文：只批评自己的过失，不要议论别人的错误。

✽但开风气不为师。

译文：只求开创一代新风气，绝不好为人师。

✽但令身未死，随力报乾坤。

译文：只要我不死，就要努力报效国家。

✽但愿苍生俱饱暖，不辞辛苦出山林。

译文：只希望天下的百姓都能吃得饱穿得暖，即使辛苦地从山林里出来也不推辞。

✿盗贼宿于秽草,邪心生于无道。

译文:盗贼多生活在污秽的草野中,邪恶的心是由于没有道德修养而产生的。

✿道德当身,故不以物惑。

译文:自身的道德高尚,就不会被外界事物所诱惑。

✿道虽迩,不行不至;事虽小,不为不成。

译文:路程虽近,不走就达不到目的地;事情虽小,不做就不会成功。

✿道自微而生,祸自微而成。

译文:德行要一点一滴地培养,灾祸从细小的地方产生。

✿得道者多助,失道者寡助。

译文:有道义的人获得的帮助就会多,而不讲道义的人获得的帮助就会少。

✿得其好言,不足喜,得其恶言,不足怒。

译文:听到别人赞扬的话,不要沾沾自喜;听到别人指责的话,不要骤然发怒。

✿德不孤,必有邻。

译文:有道德的人不会孤单,必定会有志同道合的人与他为伴。

✿德无常师,主善为师。

译文:道德没有固定的老师,以善为主的就可以作为老师。

✿德与才不同,虽古人鲜能兼之。

译文:道德与才能是不同的,即便古代圣贤也很少能够兼而
　　有之。

✿德者本也,财者末也。

译文:道德是根本,财富是末节。

✿地势坤,君子以厚德载物。

译文:大地宽厚和顺,君子应该以深厚的美德容载万物。

✿钓名之士,无贤士焉。

译文:沽名钓誉的人,不是贤德的人。

✿短不可护,护短终短;长不可矜,矜则不长。

译文:缺点不要遮掩,遮掩就始终会是缺点;优点不能自夸,
　　自夸也不会长久。

✿多权者害诚,好功者害义。

译文:多权变的人就会不诚实,贪图功绩的人就会不讲
　　道义。

✿多私者不义,扬言者寡信。

译文:私心重的人不讲道义,说大话的人缺少信誉。

✿多行不义必自毙。

译文:总是做不符合道义的事情,最终一定会自取灭亡。

✿恶恶疾其始,善善乐其终。

译文:对于丑恶的事物,应该从一开始就憎恶;对于美好的
事物,应该始终如一的热爱。

✿反听之谓聪,内视之谓明,自胜之谓强。

译文:能够听取反面意见的人,才可能称得上耳聪;能够看
清自身毛病的人,才可以称得上目明;能够战胜自己
的人,才可以称得上强者。

✿放情者危,节欲者安。

译文:放纵性情的人会遇到危险,节制欲望的人会得到
安全。

✿非德之威,虽猛而人不畏;非德之明,虽察而人不服。

译文:缺乏德行的威势,虽然凶猛但人们不惧怕;不道德的
"英明"行为,人们虽然觉察到了,但不信服。

✿非礼勿视,非礼勿听,非礼勿言,非礼勿动。

译文:不合礼节的事不去看,不合礼节的话不去听,不合礼
节的话不去说,不合礼节的事不去做。

✿非其有而取之,非义也。

译文:不是自己的却拿过来据为己有,这是不符合道义的。

✿纷纷世议何足道,尽付马耳春风前。

译文:世人的众多评价都不值得提起,把它们都放在吹过马

耳朵的春风前茅,让它们都被春风吹走吧。

❀纷华暂时好,淡泊味愈长。

译文:繁华富贵只是短时间的快乐,淡泊名利则时间越久越
显示其价值。

❀风雨如晦,鸡鸣不已。

译文:风雨大作,天昏地暗,雄鸡还是不停地啼叫。

❀服人以诚不以言。

译文:要用诚信来使人信服,而不是用言语。

❀浮名浮利过于酒,醉得人心死不醒。

译文:空虚的名声和利益比酒还要厉害,使人沉醉其中到心
死都不会醒过来。

❀福生于隐约,而祸生于得意。

译文:幸福生在忧愁困苦之中,而祸患在得意的时候产生。

❀富贵不傲物,贫穷不易行。

译文:富贵了不骄傲自大,贫穷时不改变自己的品行。

❀富贵不染其心,利害不移其守。

译文:富贵不能混淆他的心志,利害不能改变他的操守。

❀富贵一时,名节千古。

译文:荣华富贵只是片刻的事情,好的名誉与节操才会千古
流传。

✽富润屋,德润身。

译文:财富能够装饰房屋,道德能够美化自身。

✽富以苟不如贫以誉,生以辱不如死以荣。

译文:与其苟且得来富贵,不如贫穷而获得美誉;与其耻辱
地活着,不如光荣地死去。

✽改过不吝。

译文:改正自己的过失,态度坚决,绝不犹豫。

✽甘从锋刃毙,莫夺坚贞志。

译文:甘愿死在刀锋下,也不失去坚贞的节操。

✽甘露时雨,不私一物。

译文:甘露和时雨,不偏袒一处,而是润泽万物。

✽高山仰止,景行行止。

译文:形容品德高尚,令人景仰,又明察至理,值得仿效。

✽膏肓积乎骄慢,情奔沦乎嗜欲。

译文:重病不能医治是由骄横傲慢积累起来的,情绪不能控
制是因为放纵自己的欲望。

✽工欲善其事,必先利其器。

译文:工匠要做好他的工作,就必须要先准备好他的工具。

✽公道达而私门塞,公义明而私事息。

译文:公道通达,私门就会阻塞;公理明确,私事就会停息。

❀公道溺于私情,礼节亏于嗜欲。

译文:公道会被私情所淹没,礼节会因为放纵欲望而缺损。

❀公家之利,知无不为。

译文:对公家有好处的事情,只要知道了就要尽力去做。

❀公生明,偏生暗。

译文:公正地看事物就会明察是非,偏颇地看事物就会模糊
　　昏庸。

❀公正无私,一言而万民齐。

译文:只要能做到公正无私,说一句话就能使所有的人民信
　　从,从而使整个国家整饬有序。

❀功名富贵若长在,汉水亦应西北流。

译文:功名和富贵如果能长久存在的话,汉江也要往西北方
　　向流去了。

❀躬自厚而薄责于人。

译文:对自己的责备要重些,对别人责备应该轻些。

❀苟非吾之所有,虽一毫而莫取。

译文:如果不是我应该拥有的东西,即使只有一点点,也不
　　要拿。

❀苟利国家,不求富贵。

译文:如果对国家有利,就不去追求个人的富贵。

❀苟利国家生死以，岂因祸福避趋之。

译文：如果有利于国家，无论生死都要去做，不能因为个人的安危而有所回避。

❀苟利社稷，则不顾其身。

译文：如果是有利于国家的事，即使牺牲生命也在所不辞。

❀苟无济代心，独善亦何益。

译文：如果没有济助世人之心，只是自己独善其身，对世人有什么益处呢？

❀顾行而忘利，守节而仗义。

译文：顾及德行而忘掉私利，守住气节而主持正义。

❀官有假而德无假，位有卑而义无卑。

译文：官职有临时的，但是德行没有临时的；地位有低下的，但是道义没有低下的。

❀贵而不骄，胜而不恃，贤而能下，刚而能忍。

译文：高贵但不骄傲，胜利了但不自恃，贤能又能谦逊待人，刚烈但能忍耐。

❀贵尔六尺躯，勿为名所驱。

译文：要珍惜你的身体，不要被名利所驱使。

❀贵富太盛，则必骄佚而生过。

译文：过分的富裕和高贵，会令人奢侈放纵而产生过失。

❀贵义而不贵惠,信道而不信邪。

译文:崇尚道义而不看重恩惠,信仰真理而不相信邪说。

❀国清才子贵,家富小儿骄。

译文:国家政治清明,人才就会受到重视;家境富裕,子弟就
会放纵自满。

❀过而不改,是谓过矣。

译文:有了错误而不改正,这才是真正的错误。

❀海水藏蛟龙,不拒虾与鱼。

译文:海水里藏着蛟龙那样的大动物,可是也不拒绝小虾和
小鱼。

❀含德之厚,比于赤子。

译文:德行深厚的人,好像刚出生的婴儿。

❀含容终有益,任意是生灾。

译文:做人能够宽容忍耐是有好处的,任性随意就会惹来
灾祸。

❀好事须相让,恶事莫相推。

译文:好的事情要互相谦让,坏的事情不要互相推卸责任。

❀好学近乎智,力行近乎仁,知耻近乎勇。

译文:喜欢学习就接近智慧了,努力实践就接近仁义了,知
道耻辱就接近勇敢了。

❀好誉人者谀,好人誉者愚。

译文:喜欢称赞别人的人就是谄媚奉承,喜欢别人称赞的人
　　　是愚蠢的。

❀浩气还太虚,丹心照千古。

译文:浩然正气在世间飘荡,红心在世间不朽。

❀红颜弃轩冕,白首卧松云。

译文:年壮时放弃做官,直到晚年依旧隐卧于松风白云
　　　中间。

❀鹄不日浴而白,乌不日黔而黑。

译文:天鹅不天天洗澡,它仍然是洁白的;乌鸦不天天去染
　　　黑,它也自然是黑色的。

❀化人之心固甚难,自化之心更不易。

译文:改变别人的心固然很难,改变自己的心更不容易。

❀毁我之言可闻,毁我之人不必问。

译文:诋毁我的言论可以听一听,诋毁我的人却不必追究。

❀货贿为贤所贱,德行为贤所贵。

译文:钱财被有德有才的人看得极轻,而道德、品行被有德
　　　有才的人看得很重。

❀祸难生于邪心,邪心诱于可欲。

译文:灾祸是由于邪恶的想法引起的,而邪恶的想法来自于

贪婪的欲望。

✿祸至不惧,福至不喜。

译文:祸患来了不惧怕,福气来了不惊喜。

✿饥不从猛虎食,暮不从野雀栖。

译文:即使非常贫困也不会跟随不义之人为非作歹,即使非

常窘迫也不会与卑鄙小人为伍。

✿吉莫吉于知足,苦莫苦于多愿。

译文:最好的事情就是知道满足,最大的痛苦就是欲望

太多。

✿己所不欲,勿施于人。

译文:自己不想要的,也不要施加给别人。

✿己之温,思人之寒;己之安,思人之艰。

译文:自己温暖,要想到还有人生活在寒冷之中;自己安逸,

要想到还有人生活在艰难之中。

✿记人之功,忘人之过,宜为君子者也。

译文:记住别人的功劳,忘掉别人的过错,这才是有道德的

君子。

✿记人之善,忘人之恶。

译文:记住别人的善行,忘记别人的过错。

✿兼听则明,偏信则暗。

24

译文:多方面地听取意见就能明辨是非,偏信一面之词就会糊涂。

✿俭节则昌,淫佚则亡。

译文:俭朴节约就会昌盛,荒淫放荡就会衰亡。

✿见利思义,见危授命。

译文:看见有利益可得,要考虑是否符合道义;遇到危险时,要勇于献出生命。

✿见人不善,莫不知恶;己有不善,安之不顾。

译文:看见别人的错误,没有人不感到厌恶;自己有了错误,却泰然处之。

✿见善如不及,见不善如探汤。

译文:看见善良的行为,要学习,唯恐来不及;看见错误的行为,就要引起警戒,好像要把手伸到沸水里一样。

✿见善若惊,疾恶如仇。

译文:看到善行就感到欣喜,憎恨恶行就好像憎恶仇人一样。

✿见善则迁,有过则改。

译文:看到别人的优点就要去学习,自己有了过失就立即改正。

✿见贤思齐,见不贤而内自省也。

译文:见到贤良的人就要向他看齐,见到不贤的人就要自我
反省。

❀见义不为,无勇也。

译文:面对应该挺身而出的事情而不敢去做,就是不勇敢。

❀江海不与坎井争其清,雷霆不与蛙蚓斗其声。

译文:长江和大海不会与水坑和水井去竞争谁更清澈,响雷
不会与青蛙和蚯蚓比谁的声音更高。

❀江山如有待,花柳更无私。

译文:美好的江山好像正等待人们前去游览,花柳更无私地
呈现出它们的色彩姿态,让游人尽情赏玩。

❀将欲论人长短,先顾自己若何。

译文:想要评论别人的好坏,先想想自己做得怎么样。

❀将相头顶堪走马,公侯肚里好撑船。

译文:将相的头顶上可以走马,公侯的肚里可以撑船。

❀骄者招毁,妄者稔祸。

译文:骄傲狂妄的人往往招致祸端。

❀节俭则不贪,宽厚则不酷。

译文:节俭就不会贪心,宽厚就不会严酷。

❀戒骄字,以不轻非笑人为第一义。

译文:戒除骄傲,最重要的是不能轻易地取笑别人。

❀金玉满堂,莫之能守;富贵而骄,自遗其咎。

译文:金玉满堂,无法长期守住;富贵了就骄傲,会给自己带来灾祸。

❀谨言慎行,立德之基。

译文:谨慎地说话办事,是树立德行的基础。

❀谨于言而慎于行。

译文:说话要严谨,行动要慎重。

❀尽公者,政之本也;树私者,乱之源也。

译文:大公无私,是为政的根本;谋取私利,是祸乱的根源。

❀精忠报国。

译文:竭尽忠诚,报效祖国。

❀静以修身,俭以养德。

译文:安静有利于自身的修养,节俭有助于道德的提高。

❀静以养心,俭以养性。

译文:用平静来养护自己的心灵,用节俭来养护自己的性情。

❀镜无见疵之罪,道无明过之恶。

译文:镜子能把脸上的黑斑照出来,但这并不是它的罪过;通过和道义对照,人的过失会显露出来,但这并不是道义的罪恶。

✿久与贤人处则无过。

译文:经常和贤德的人在一起,自己就不会有过错。

✿救寒莫如重裘,止谤莫如自修。

译文:抵御寒冷最好的办法是多穿件毛皮衣服,阻止别人诽谤的最好的办法是修炼自身的德行。

✿居处恭,执事敬,与人忠。

译文:容貌态度端正庄严,做事情严肃认真,与别人相处诚心诚意。

✿居高声自远,非是借秋风。

译文:在高树上的蝉不用借助风势,它的鸣叫声也能传得很远。

✿居家之方,唯俭与约;立身之道,惟谦与学。

译文:持家的方法,不过是勤俭和节约;立身的方法,不过是谦虚和好学。

✿鞠躬尽瘁,死而后已。

译文:小心谨慎,贡献自己的全部精力,直到死为止。

✿菊花到死犹堪惜,秋叶虽红不耐观。

译文:菊花到死都让人怜惜,秋叶虽然红艳却不能让人长久观赏。

✿举事以为人者,众助之;举事以自为者,众去之。

译文:做事情为别人着想,大家会帮助他;做事情只是为了
自己的利益,大家会离开他。

✿捐躯赴国难,视死忽如归。

译文:为了解救国难不惜献出自己的生命,把死亡看成回家
一样从容。

✿君子不受虚誉,不祈妄福,不避死义。

译文:有德行的人不接受虚假的赞誉,不祈求不正当的享
受,不躲避为正义而死。

✿君子耻其言而过其行。

译文:君子以说得多做得少为耻。

✿君子成人之美,不成人之恶。小人反是。

译文:君子成全人家的好事,不去促成别人的坏事。小人却
与此相反。

✿君子淡以亲,小人甘以绝。

译文:君子之间的交往淡泊却显得亲切,小人之间的交往甘
甜却容易断绝。

✿君子改过,小人饰非;改过终悟,饰非终迷。

译文:君子改正自己的过失,小人掩饰自己的过错;君子改
过最终能够觉悟,小人掩错最终迷失自己。

✿君子攻己恶,无攻人之恶。

译文:君子批评自己的过失,不攻击别人的过失。

✿君子固穷,小人穷斯滥矣。

译文:君子虽然贫困,仍然坚持自己的品行;小人一旦穷困,
就无所不为了。

✿君子和而不同,小人同而不和。

译文:君子与人和谐相处,却有自己的主见;小人容易苟同
别人,却不能与人和平共处。

✿君子惧失义,小人惧失利。

译文:有德行的人害怕失去道义,没有道德的人担心失去
利益。

✿君子莫大乎与人为善。

译文:君子最高的德行就是同别人一道行善。

✿君子强学而力行。

译文:有道德的人勉励自己用功学习并且努力去行动。

✿君子求诸己,小人求诸人。

译文:君子要求自己,小人苛求别人。

✿君子尚义,小人尚利。

译文:君子看重道义,小人看重利益。

✿君子泰而不骄,小人骄而不泰。

译文:君子为人安和而不傲慢,小人傲慢却不安和。

✽君子挟才以为善,小人挟才以为恶。

译文:君子凭借他的才能做好事,小人仗着他的才能做坏事。

✽君子学道则务本,小人见利则忘生。

译文:有德行的人学习道义是致力于根本,而没有道德的人见到私利就会连生命都忘记了。

✽君子养心莫善于诚。

译文:君子培养自己的心性,提高自己的道德修养,最主要的是要做到真诚。

✽君子以义相褒,小人以利相欺。

译文:君子为了道义相互赞扬,小人为了利益相互欺诈。

✽君子忧道不忧贫。

译文:君子担心的是得不到真理,而不担心贫穷。

✽君子之德风,小人之德草。草上之风,必偃。

译文:道德高尚的人的德行好比风,普通人的德行好比草。风向哪边吹,草就向哪边倒。

✽君子志于泽天下,小人志于荣其身。

译文:君子的志向是把恩泽加于天下百姓,小人的志向是使自身得到荣耀。

✽君子尊贤而容众,嘉善而矜不能。

译文:君子尊重贤人,也接纳普通人,赞扬善良人,怜悯没有能力的人。

✿慷慨杀身者易,从容就义者难。

译文:人由于一时的激动而勇于牺牲是容易的,为了正义的事业从容不迫地献出生命是困难的。

✿可杀而不可辱。

译文:可以杀但不可以侮辱。

✿克己之私,则心虚见理矣。

译文:能够克制自己的私欲,那么心灵空明,就能看见道理了。

✿克勤于邦,克俭于家。

译文:在国家事业上要勤劳,在家庭生活上要节俭。

✿宽不可激而怒,清不可事以财。

译文:心胸宽阔,不能被别人激怒;清白廉洁,不能贪图钱财。

✿宽大其志,足以兼包;平正其心,足以制断。

译文:把志向放得广大,就足以包容万物;把内心放得公正,就可以做出决断。

✿宽以待人,严于律己。

译文:宽容地对待别人,严格地约束自己。

✽兰芳不厌空谷,君子不为名修。

　　译文:兰花不会厌恶在空旷的山谷散发芳香,有道德的人不
　　　　会追求虚名。

✽劳而不伐,有功而不德,厚之至也。

　　译文:有了功劳而不夸耀,有了功绩而不自以为有德,这样
　　　　的人是极其敦厚的。

✽劳苦之事则争先,饶乐之事则能让。

　　译文:遇到辛劳的事要抢在前面做,遇到享乐的事就让给
　　　　别人。

✽老骥伏枥,志在千里;烈士暮年,壮心不已。

　　译文:千里马虽然老了,呆在马棚里,但它还是想着驰骋千
　　　　里;有远大志向的人即使老了,他的雄心壮志仍然不
　　　　会消失。

✽老吾老,以及人之老;幼吾幼,以及人之幼。

　　译文:尊敬自己的长辈,从而也尊敬别人家的长辈;爱护自
　　　　己的子女,从而也爱护别人家的孩子。

✽乐以天下,忧以天下。

　　译文:以天下人的快乐为自己的快乐,以天下人的忧愁为自
　　　　己的忧愁。

✽类君子之有道,入暗室而不欺。

享用一生的中华格言

译文:有德行的君子,进入黑暗的房间也不做亏心事。

✿礼貌过盛者,情必疏。

译文:过于礼貌,感情就会疏远。

✿礼让一寸,得礼一尺。

译文:礼让别人一寸,能够得到别人一尺的礼让。

✿历览前贤国与家,成由勤俭破由奢。

译文:纵观历史,大到邦国,小到家庭,无不是兴于勤俭,亡于奢华。

✿立节者见难不苟免,贪禄者见利不顾身。

译文:存有气节的人遇见祸患不会随便就逃脱,贪图富贵的人见到好处就会奋不顾身地扑上去。

✿立身存笃信,景行胜将金。

译文:做人贵在坚定自己的信念,具有高尚的品德胜过手中拿着黄金。

✿立志要远大,持身要严谨。

译文:树立的志向要远大,要求自己要严格。

✿利不可以虚受,名不可以苟得。

译文:好处不能够平白地接受,名声不可以随便地获得。

✿利于国者爱之,害于国者恶之。

译文:有利于国家的人,就应该敬爱他;有害于国家的人,就应该憎恶他。

❀利欲不存于心,则视爵禄犹粪土矣。

  译文:一个人心中没有追求利益的欲望,就会把权力和财势
  看得像粪土一样一钱不值。

❀莲生淤泥中,不与泥同调。

  译文:莲花从淤泥中长出,但却没有被淤泥污染。

❀廉者常乐无忧,贪者常虞不足。

  译文:廉洁的人常常因为没有忧愁而欢乐,贪婪的人常常因
  为欲望不能满足而忧愁。

❀良将不怯死以苟免,烈士不毁节以求生。

  译文:好的将领不会因为怕死而苟且避免灾祸,有志之士不
  会为了求生而丧失气节。

❀良马不念秣,烈士不苟营。

  译文:好马志在千里,不会顾及草料的好坏;有志气的人以
  天下为己任,不会只顾眼前的一点私利。

❀良药苦口利于病,忠言逆耳利于行。

  译文:良药吃起来很苦,但能治好病;正直的劝告或批评听
  起来不顺耳,但有利于提高品德,更好地处事。

❀烈士不忘死,所死在忠贞。

  译文:有志之士不会害怕牺牲生命,他一定会忠诚于他的事

享用一生的中华格言

业,甚至为此献出生命。

✤烈士之爱国也如家。

译文:有抱负、有作为的人,他们热爱祖国就像热爱自己的家一样。

✤林园手种唯吾事,桃李成阴归他人。

译文:在园林里种树、养树都是我的事;在树下乘凉、享受果实的是别人。

✤临官莫如平,临财莫如廉。

译文:做官一定要公正,面对钱财一定要廉洁。

✤临患不忘国,忠也;思难不越官,信也;图国忘死,贞也。

译文:面对祸患不忘记国家,是忠诚;想到灾难不放弃自己的职责,是诚信;为了国家舍生忘死,是坚贞。

✤临难毋苟免。

译文:在灾难与危险面前,不要苟且偷生而失去做人的气节。

✤临渊羡鱼,不如退而结网。

译文:与其站在深水池边希望得到里面的鱼,还不如赶快回去编织渔网。

✤流尘集宝鉴,尘昏鉴不昏。

译文:灰尘附在镜子上,灰尘是昏暗的但镜子仍有光泽。

❀路漫漫其修远兮,吾将上下而求索。

译文:尽管道路漫长而遥远,我还是要为追求真理上天入地去探求。

❀满招损,谦受益。

译文:自满会招来损害,谦虚则会获得益处。

❀名不可简而成,誉不可巧而立。

译文:名望不能随便地获得,声誉不可通过欺诈来树立。

❀名节重泰山,利欲轻鸿毛。

译文:名声和气节像泰山那样重,个人的利益和欲望像雁毛那样轻。

❀明月在浊流,不改月色清。

译文:明月即使是倒影在浑浊的流水中,也一样的清澈透明。

❀明者举大略细,不忮不求。

译文:聪明的人着眼大事情,忽略小事情,不忌恨他人,也不苛求他人。

❀莫道桑榆晚,为霞尚满天。

译文:不要说太阳快要下山了,绚丽的彩霞还布满在天空。

❀木受绳则直,人受谏则圣。

译文:木头用绳墨加工能变直;一个人能虚心听取别人的直

言批评,就会成为高尚的人。

✿慕虚名而处实祸。

译文:因为贪恋虚名而处在实在的祸患中。

✿纳谏者昌,谍谏者亡。

译文:听从别人的规劝可以昌盛,拒绝别人的规劝容易
灭亡。

✿男儿徇大义,立节不沽名。

译文:男子汉为了正义舍弃自己的生命,树立气节而不沽名
钓誉。

✿难胜莫如己私。

译文:最难战胜的莫过于自己的私心。

✿能胜强敌者,先自胜者也。

译文:能战胜强大敌人的人,首先应当是能够战胜自己(弱
点)的人。

✿能遗其身,然后能无私,无私然后能至公。

译文:能够忘记自身利益,才能做到无私。做到无私,然后
才能达到最大的公平和公正。

✿溺爱者不明,贪得者无厌。

译文:过分地爱一样东西就会变得不理智,贪婪的人不会感
到满足。

❀年长以倍,则父事之;十年以长,则兄事之。

译文:对年纪比自己大一倍的人,就要把他们作为父辈来对待;对年龄比自己大十岁的人,就要像兄长一样对待他们。

❀宁公而贫,不私而富。

译文:宁可坚持公道而贫穷,不能因为谋求私利而富有。

❀宁可抱香枝上老,不随黄叶舞秋风。

译文:宁愿怀抱着香气在枝头上衰老,也不跟随枯黄的叶子在秋风中飘舞。

❀宁可玉碎,不能瓦全。

译文:宁可作为美玉被打碎,也不做瓦片而保全自己。

❀宁为世人笑其拙,勿为君子病其巧。

译文:宁可被世人嘲笑自己的笨拙,也不要被君子批评自己取巧。

❀宁学圣人而不至,不以一善而成名。

译文:宁可学圣人学不到家,也不靠做一点好事来求取名声。

❀宁直毋媚,宁介毋通,宁恬毋竞。

译文:宁愿正直而不奉承拍马,宁愿耿直而不圆滑多变,宁愿淡泊而不去争名夺利。

✿宁作沉泥玉,无为媚渚兰。

译文:宁可做陷入污泥中的美玉,也不做讨好小洲的兰草。

✿佞色不能悦尧目,忠言不能入桀耳。

译文:花言巧语的媚态不能让尧看了高兴,忠实的劝告不能
　　　被桀听进去。

✿怒不过夺,喜不过予。

译文:恼怒时不过分地剥夺别人,高兴时也不过分地赐予
　　　别人。

✿怒而思理,危不忘义。

译文:发怒的时候一定要想想事情的道理,危难的时候一定
　　　不要忘掉道义。

✿女为君子儒,无为小人儒。

译文:你要做儒者中的君子,不要做儒者中的小人。

✿拼得十万头颅血,须把乾坤力挽回。

译文:就算牺牲十万人的性命,也要扭转国家危亡的局势。

✿贫而无谄,富而无骄。

译文:贫穷却不谄媚,富有却不骄傲。

✿贫则见廉,富则见义。

译文:贫穷的时候能看出他是否廉洁,富有的时候能看出他
　　　是否仁义。

❀平生不解藏人善,到处逢人说项斯。

译文:一辈子从来不会掩盖别人的优点,每逢见到人,总要把项斯夸奖一番。

❀其身正,不令而行;其身不正,虽令不从。

译文:统治者如果自身品行端正,即使不发号施令,老百姓也会跟着行动;如果领导者品行不端正,即使发号施令,老百姓也不会顺从。

❀其言必信,其行必果,已诺必诚。

译文:人讲话必须讲信用,做事要果断,已经许下的诺言一定要真心实意地履行。

❀千金之家,久而不治。

译文:很富裕的大家庭,时间长了就会不容易治理。

❀千磨万击还坚劲,任尔东南西北风。

译文:指竹子的生命力很强,不论是在多么艰苦的环境下都能坚强地活着。

❀千淘万漉虽辛苦,吹尽狂沙始见金。

译文:清白正直之士一时被诬陷,但历尽艰辛后,其崇高品德终究会被人们认识。

❀千里之行,始于足下。

译文:千里远的路程,是从脚下的第一步开始的。

✿钱财如粪土,仁义值千金。

译文:金钱财富就像粪便和泥土,而仁义的品德价值千金。

✿巧诈不如拙诚。

译文:机巧却虚伪欺诈还不如愚钝而朴实真诚好。

✿巧诈藏于胸中,则纯白不备,而神德不全矣。

译文:胸中藏有机巧伪诈,就不会再拥有纯洁的心灵,而天
生的美德也开始逐渐丧失了。

✿轻诺必寡信,多易必多难。

译文:轻易做出的承诺一定缺少信用,认为事情很容易做就
一定会遇到很多困难。

✿清心为治本,直道是身谋。

译文:清廉是治世的根本,正直是为人的准则。

✿清越而瑕不自掩,洁白而物莫能污。

译文:品德高尚、操守出众的人,并不掩饰自己的缺点;纯净
洁白的人,外物并不能污染它。

✿穷则独善其身,达则兼善天下。

译文:在失意的时候,就加强自身的修养;在得志的时候要
施展抱负,为天下人作贡献。

✿求粉饰于耳目易,求无愧于隐微难。

译文:掩盖自己的缺点以蒙蔽众人的耳目很容易做到,但要

做到没有愧疚之心就很难了。

❀曲木忌日影,谗人畏贤明。

译文:弯曲的树木憎恨太阳光照出的影子,说别人坏话的人害怕明事理的人。

❀取人之言而弃其身,盗也。

译文:采用了别人的建议而又抛弃了人家,这是强盗的行径。

❀取之有度,用之有节,则常足。

译文:有计划地索取,有节制地使用,就会常保富足。

❀全一人者德之轻,拯天下者功之重。

译文:保全一个人,功德是很轻微的;能够拯救天下,才是大的功德。

❀染于苍则苍,染于黄则黄。

译文:(丝)放在青色染缸里染就会变成青色,放在黄色染缸里染就会变成黄色。

❀让一得百,争十失九。

译文:谦让一分会得到百倍的回报,争夺十分会失去九分。

❀人必自侮,然后人侮之。

译文:人一定是先有自取其辱的行为,别人才会侮辱他。

❀人百负之而不恨,己信之终不疑其欺己。

译文:别人上百次对不起他,他也不怨恨;自己相信别人,始终不怀疑别人会欺骗自己。

❀人褊急,我爱之以宽容;人险仄,我待之以坦荡。

译文:别人心胸狭窄急躁,我用宽容之心来爱护他;别人为人阴险,我用坦荡之心来对待他。

❀人不可以无耻,无耻之耻,无耻矣。

译文:人不能没有羞耻之心,不知羞耻的那种羞耻,才是真的羞耻啊!

❀人不知而不愠,不亦君子乎?

译文:别人不理解自己,但自己却不抱怨恼怒,不也是很有修养的君子吗?

❀人到无求品自高。

译文:人达到没有奢求的地步,自然就具有高贵的品格。

❀人道恶盈而好谦。

译文:人通常是厌恶骄傲自大的人,喜欢谦虚的人。

❀人而无信,不知其可也。

译文:一个人不讲信用,不知道这怎么可以呢?

❀人而无义,唯食而已,是鸡狗也。

译文:做人不讲道义,只是每天吃饭,这样就和鸡狗一样啊。

❀人犯一苟字,便不能振;人犯一俗字,便不能医。

译文:人如果有苟且的毛病,就不能振作了;人如果犯了庸俗的毛病,就没法治了。

❋人固有一死,或重于泰山,或轻于鸿毛。

译文:人都是会死的,有的人死得比泰山还重,有的人死得比鸿毛还轻。

❋人患不知已过,既知之,不能改,是无勇也。

译文:人担心的是不知道自己的过错,既然知道了过错在哪儿,还不能改正,那是没有勇气的表现。

❋人骄则志昏,志昏则计短。

译文:人如果骄傲就会头脑发昏,头脑发昏就会缺少办法。

❋人皆可以为尧舜。

译文:每个人都可能成为尧舜那样圣明的人。

❋人皆知涤其器,而莫知洗其心。

译文:人们都知道应该把器具洗干净,却不知道要经常清洗自己的内心。

❋人怜直节生来瘦,自许高材老更刚。

译文:人们喜爱竹子生下来便瘦削挺直,竹子也称许自己是老而益刚的超拔之材。

❋人生自古谁无死,留取丹心照汗青。

译文:从古至今人难免有一死,但是要留下一颗赤诚之心照亮史册。

✿人无礼则不生，事无礼则不成，国家无礼则不宁。

译文：做人不遵守礼法就无法生存，办事不遵守礼法就办不成，国家没有礼法就不会安定。

✿人无于水监，当于民监。

译文：人不应当仅用水来照自己的容貌，更应该以民众为自己的镜子。

✿人心不足蛇吞象，世事到头螳捕蝉。

译文：人心不知道满足就像蛇要吞下一头大象一样贪婪，世上的事情往往是像螳螂捕蝉，一心要谋害别人却不知道还有人在后面暗算他。

✿人心无算处，国手有输时。

译文：人都有失策的地方，就算是棋艺高超的国手也有输的时候。

✿人有过失，己必知之；己有过失，岂不自知？

译文：别人有过失，自己一定知道；自己有过失，自己怎能不知道呢？

✿人誉我谦，又增一美；自夸自败，还增一毁。

译文：别人夸奖我，我表示谦虚，这样又多了一种美德；自我夸耀，却又失败了，还增加了别人对你的诋毁。

❀人之情,心服于德,不服于力。

　　译文:人们只会信服有高尚道德的人,而不会对依仗武力的
　　　　人心悦诚服。

❀人之善恶,不必世族;性之贤鄙,不必世俗。

　　译文:人的善恶,不是由他的出身来决定的;品性的好坏,也
　　　　不是由他的社会地位来决定的。

❀人之所助者,信也。

　　译文:对人最有帮助的是诚信。

❀人之心胸,多欲则窄,寡欲则宽。

　　译文:人的心胸,欲望越多越狭窄,欲望越少越宽阔。

❀人之有德于我也,不可忘也;吾有德于人也,不可不忘也。

　　译文:别人对我有恩德,不能忘记;而我对别人有恩德,不能
　　　　总记着。

❀人之于利,如蹈水火焉,前人虽败,后人复起。

　　译文:人对于利益的追逐,就好像奔赴水火,前面的人失败
　　　　了,后面的人还是要来重蹈覆辙。

❀仁莫大于爱人。

　　译文:爱别人是仁义最高的标准。

❀仁者必有勇,勇者不必有仁。

　　译文:有仁德的人必定是勇敢的,但勇敢的人不一定有

仁德。

❋仁者不以盛衰改节,义者不以存亡易心。

　　译文:仁爱的人不会因为处境的好坏而改变自己的节操,忠

　　　　　义的人不会因为成败而改变自己的志向。

❋仁者不忧,知者不惑,勇者不惧。

　　译文:有德行的人不会忧虑,有智慧的人不会迷惑,有勇气

　　　　　的人不会畏惧。

❋仁者无敌。

　　译文:有仁德的人是天下无敌的。

❋仁之法在爱人,不在爱我;义之法在正我,不在正人。

　　译文:仁爱的法规在于关心他人,不在于为个人谋利;正义

　　　　　的法则在于端正自己,而不在于纠正别人。

❋忍之一事,众妙之门。

　　译文:忍耐是做好事情的关键。

❋日滔滔以自新,忘老之及已。

　　译文:光阴如滔滔的流水去而不返,所以每个人都应该奋发

　　　　　进取,忘记衰老来到自己身上。

❋日新谓之盛德。

　　译文:每天都能取得进步是最大的德行。

❋荣宠无心易,艰危抗操难。

译文：不把荣誉或是宠幸放在心上容易，在艰难困苦的环境下保持节操困难。

✿汝若全德，必忠必直，汝若全行，必方必正。终身如此，可谓君子。

译文：你如果想使自己的道德完美，必须忠诚、正直；你如果想使自己的品行更完美，必须坦率、正派。一辈子这样做人，就可以称为君子了。

✿三杯吐然诺，五岳倒为轻。

译文：相比男子汉说出的诺言，五岳倾倒都显得轻微。

✿三军可夺帅也，匹夫不可夺志也。

译文：一国的军队，可以被夺去主帅；一个普通的百姓，却不可以使他丧失志向。

✿三生不改冰霜操，万死常留社稷身。

译文：不论是前生、今生还是来生，都不会改变冰霜一样高尚的节操；为了国家的利益即使死一万次也甘心。

✿山鸡照绿水，自爱一何愚。

译文：丑陋的山鸡在清澈的水边照自己的影子，觉得自己很漂亮，这种对自己的爱恋是多么愚蠢呀。

✿山锐则不高，水狭则不深。

译文：山太尖就不会很高，河太窄就不会很深。

❀善不可失,恶不可长。

译文:好事不能放弃,坏事不可任其发展。

❀善不由外来兮,名不可以虚作。

译文:好的德行不是别人给的,要自己修炼;好的名声不可以通过虚假的方式得到,要通过自己的努力获得。

❀善莫大于恕,德莫凶于妒。

译文:最好的品德是宽恕,最坏的品德是妒忌。

❀善人者,不善人之师;不善人者,善人之资。

译文:好人是坏人效法的老师;坏人是好人的借鉴。

❀善为国者必先治其身,治其身者慎其所习。

译文:善于治理国家的人一定要先修炼好自身的德行,而要修炼好自身的德行就要养成自己良好的习惯。

❀善则称人,过则称己。

译文:有了成绩要归功于别人,有了过错要归咎于自己。

❀上交不谄,下交不渎。

译文:结交地位高的人,不谄媚讨好;结交地位低的人,不轻慢鄙视。

❀上不信,则无以使下;下不信,则无以事上。

译文:上面的人不讲诚信,就不能指挥下面的人;下面的人不讲诚信,就不能侍奉上面的人。

中小学生必备的语言宝典丛书

❀上善若水,水利万物而不争。

译文:最好的善行就像水,水帮助万物生长,但不与万物
相争。

❀上士忘名,中士立名,下士窃名。

译文:上等的士人不把名声放在心上,中等的士人努力建立
自己的名声,而下等的士人则是盗取名声。

❀少成若天性,习惯如自然。

译文:少年时养成的习性就好像天生的一样,养成的习惯就
好像生来就自然具有的一样。

❀身安不如心安,心宽强如屋宽。

译文:身体安康不如心灵安宁,心胸宽广强过房屋宽敞。

❀身不正,则人不从。

译文:自己的行为不端正,别人就不会听从。

❀生当作人杰,死亦为鬼雄。

译文:活着就要做一个出类拔萃的人,死了也要当鬼中的
豪杰。

❀生亦我所欲也,义亦我所欲也;二者不可得兼,舍生而取义
者也。

译文:生命是我想要的,道义也是我想要的;在二者不能同
时得到的情况下,我宁可舍弃生命而只要道义。

✿生于忧患而死于安乐。

译文:在忧患中得以生存和发展,在安乐之中反而会灭亡。

✿圣人不利己,忧济在元元。

译文:贤明的人不为自己牟私利,他关心救济的是天下的百姓。

✿圣人内修其本,而不外饰其末。

译文:圣人在内心修治根本,而不在外表粉饰不重要的事物。

✿圣人被褐怀玉。

译文:圣人虽然穿着粗布衣服,心里却怀着美玉一样的思想。

✿圣人自知不自见,自爱不自贵。

译文:圣人了解自己但不自我表现,爱惜自己但不自认为高贵。

✿胜人者有力,自胜者强。

译文:能够战胜别人是有力量的表现,而能够战胜自己才算是强者。

✿时不可以苟遇,道不可以虚行。

译文:时俗不要随意地投合,道义不要虚假地实施。

✿时穷节乃见,一一垂丹青。

译文:在艰难困苦的时候,人的气节就显露出来,这种恪守
　　　节操的忠贞之士都会名流青史。

❀石虽可毁,坚不可销;丹虽可磨,赤不可灭。

译文:石头虽然可以打碎,但它坚硬的本性是消除不了的;
　　　朱砂虽然可以磨成粉末,但它红色的本性是磨灭不
　　　了的。

❀实事求是。

译文:从客观事实中去研究,得出规律。

❀始知五岳外,别有他山尊。

译文:这才知道在五岳这样的名山之外,还有更高的山。

❀士不以利移,不为患改。

译文:读书人不因为利益诱惑而动摇自己的志向,也不因为
　　　灾祸临头而改变自己的志向。

❀士气不可无,傲气不可有。

译文:骨气不能没有,傲气不能有。

❀士虽有学,而行为本焉。

译文:读书人虽然有学问,但是亲身实践才是根本。

❀仕者为己,天下无善政。

译文:如果当官的人都为自己牟私利,那么天下就不会有清
　　　明的政治了。

✿势不若德贵,财不若义高。

译文:权势不如品德高贵,财富不如道义高尚。

✿事不三思终有悔,人能百忍自无忧。

译文:做事不三思而行终究会有后悔的时候,人如果能够忍

耐包容就会减少灾祸和忧愁。

✿视死如归。

译文:把死看做回家一样。

✿恃才傲物,宜谥曰骄。

译文:仗着自己有才能而轻视别人,应该称作是骄傲。

✿受人者畏人,予人者骄人。

译文:接受别人恩惠的人就会敬畏别人,给予别人恩惠的人

就会倨傲地对待别人。

✿受人之托,必当终人之事。

译文:接受了别人的托付,就要完成别人所托付的事情。

✿树德莫如滋,去疾莫如尽。

译文:培养良好的德行,最好是使它一天一天地增多;去除

毛病莫过于要根除彻底。

✿树德务滋,除恶务本。

译文:树立道德必须要持之以恒,去除邪恶必须要从根本上

清除。

❀树高者鸟宿之,德厚者士趋之。

译文:树长高了,鸟儿就会来筑巢;人的品德和名望高了,有
识之士就会来归附。

❀树坚不怕风吹动,节操棱棱还自持。

译文:有志气的人应当坚定,虽然受到苦难,但应依然保持
昂扬的精神。

❀竖志者,功名之主也;不惰者,众善之师也。

译文:志向坚定的人,能够建功扬名;勤奋的人,是各种善行
的老师。

❀率义之为勇。

译文:遵循道义,这才叫做勇敢。

❀霜飘知柳脆,雪冒觉松贞。

译文:下霜的时候才知道柳树的脆弱,下雪的时候才显出松
树的坚贞。

❀水倍源则川竭,人倍信则名不达。

译文:河水背离了源头就会枯竭,人背离了诚信就不会有好
的声誉。

❀水能性澹为吾友,竹解心虚即我师。

译文:水生性淡泊,可以做我的朋友;竹子懂得谦虚,就是我
的老师。

✲水清则见毫毛，心清则见天理。

译文：水清澈才能看到水中细小的东西，心中清静才能明白世间的道理。

✲私仇不及公。

译文：个人的仇恨不要影响公事。

✲私视使目盲，私听使耳聋，私虑使心狂。

译文：用私心去看，眼睛就会致盲；用私心去听，耳朵就会发聋；用私心去思考，心智就会发狂。

✲松柏本孤直，难为桃李颜。

译文：松柏本性高傲正直，做不出像桃李那样的妖颜媚态。

✲虽富贵，不以养伤身；虽贫贱，不以利毁廉。

译文：即使富贵，也不能因为贪图享受而伤害身体；即使贫贱，也不能因为贪图利益而破坏廉洁的品行。

✲虽矫情而获百利兮，复不如正心而归一善。

译文：即使掩饰真相能够获得众多的利益，又怎比得上端正自己的内心而最终归于善呢？

✲岁不寒无以知松柏，事不难无以知君子。

译文：不到寒冬时节，无法知道松柏的坚强性格；不遇到困难的事情，就不能显示出君子的优良品德。

✲岁寒，然后知松柏之后凋也。

译文:到了天气寒冷的时候,才能看出松柏是最后凋零的。

❀碎骨粉身浑不怕,要留清白在人间。

译文:即使粉身碎骨也毫不惧怕,要留下清白的名声在人世间。

❀泰山不为飘风动,磐石不为疾流移。

译文:泰山不会因为旋风的狂吹就移动,大石头不会因为急流的不断冲击就移开。

❀泰山不自高,因丘垤以形。

译文:泰山不自恃高大,依靠小土岳使自己更加高大。

❀桃李不言,下自成蹊。

译文:桃树和李树不用说话,它们下面自然会变成人来人往的小路。

❀天不言而人推高,地不言而人推厚。

译文:天不说自己高,但是人们认为天最高;地不说自己厚,但是人们认为地最厚。

❀天道贵信,地道贵贞;不信不贞,万物不生。

译文:自然的运行最可贵的是讲信用、坚定不移,如果不如此,万物就不会生长。

❀天下大利也,比之身则小;身所重也,比之义则轻。

译文:天底下最大的利益,比起自己的身体来说也是小的;

对于自己的身体来说最重要的事,比起道义来说也是小的。

✿天下事以难而废者十之一,以惰而废者十之九。

译文:天下事因为难做而没有成功的占十分之一,因懒惰而没有成功的占十分之九。

✿天下兴亡,匹夫有责。

译文:国家的兴旺与衰亡,每一个平民百姓都负有责任。

✿天下之大勇者,猝然临之而不惊,无故加之而不怒。

译文:天下最勇敢的人,有事情突然降临到他的身上,他不惊慌,别人无故地指责和冤枉,他也不恼怒。

✿天下至大,方身则小;生为重矣,比义则轻。

译文:天下最大,然而和人的性命比起来就小了;生命对人来说是最重要的,但是和道义比起来就微不足道了。

✿天行健,君子以自强不息。

译文:天体运行刚健不息,有才德的人应该像天体运行那样奋发图强,永不停息。

✿铁可折,玉可碎,海可枯,不论穷达生死,直节贯殊途。

译文:坚硬的铁可以折断,美玉可以打碎,大海可以干涸,不论是穷困还是通达,不论是生还是死,在任何情况下,自己的节操和志向都不会动摇,贯穿一生。

❀痛莫大于不闻过,辱莫大于不知耻。

译文:最大的悲痛,就是听不到别人对自己过错的批评;最大的耻辱,就是不知道羞耻。

❀土积而成山阜,水积而成江海,行积而成君子。

译文:泥土堆积能成为高山,水流蓄积能成为江河湖海,好的行为多了能成为品德高尚的人。

❀推恩足以保四海,不推恩无以保妻子。

译文:将恩德广布于人就可以保四海平安,不肯对人施恩则连自己的妻子儿女也保护不了。

❀外不殊俗,内不失正。

译文:言行与世俗没有太大的分别,内心又能保持严正。

❀万分廉洁,只是小善;一点贪污,便是大恶。

译文:不管怎么样的廉洁,也只是小的善行;但是贪污一点,就是大的恶行。

❀王师北定中原日,家祭无忘告乃翁。

译文:王者之师平定中原的那一天,在家里祭祀祖先的时候,千万不要忘记(把这件事情)告诉你们的父亲。

❀枉己者,未有能直人者也。

译文:自己不正直的人,不能使别人正直。

❀为人但知足,何处不安生。

译文:做人只要知足,到哪里都能够生活得很好。

✿为政以德,譬如北辰,居其所而众星共之。

译文:用道德的信念来治理国家,就好比北极星,它虽然没有移动,但众星都围绕着它。

✿惟俭可以助廉,惟恕可以成德。

译文:只有节俭才能廉洁,只有宽容才能使人养成良好的品德。

✿惟仁者能好人,能恶人。

译文:只有仁者才知道怎么爱人,怎么恨人。

✿唯宽可以容人,唯厚可以载物。

译文:只有胸怀宽广才能容纳众人,只有朴实厚道才能承载万物。

✿唯令德为不朽兮,身既殁而名存。

译文:只有美好的德行是不朽的,人死后,美名会一直流传下去。

✿维鹊有巢,维鸠居之。

译文:喜鹊有个巢,布谷鸟过来占住。

✿为一身谋则愚,而为天下谋则智。

译文:只为自己打算的人就会变得愚蠢,一心为天下着想的人就会变得聪明。

✿未有不学而能者,学所以修身也,身修则无不治矣。

译文:没有不经过学习而成才的人,只有学习才能修养身心,身心修养好了,那么就有能力把事情办好。

✿位卑未敢忘忧国。

译文:尽管自己地位卑微,但也不敢忘了为国家分忧。

✿谓己不可,自诬也;谓人不可,诬人也。

译文:说自己不行,这是诬蔑自己;说别人不行,这是诬蔑别人。

✿闻善不慕,与聋聩同。

译文:听到别人的善行而不钦佩,就跟聋子没有区别。

✿闻义贵能徙,见贤思与齐。

译文:听到道义,最可贵的是能照着做;见到贤人,就要想着向他看齐。

✿闻正言,行正道,左右前后皆正人。

译文:听从正确的话,走正确的道路,确保在自己身边的都是正派的人。

✿无身不善而怨人,无刑已至而呼天。

译文:不要自己做得不好却埋怨别人,不要等到受刑罚的时候才呼天喊地。

✿无望其速成,无诱于势利。

译文:不要盼望事情能迅速成功,不要被权势和利益所诱惑。

❋无责人以如己,无誉己以如人。

译文:不要像要求自己那样要求别人,不要像赞扬别人那样赞扬自己。

❋毋道人短,毋说己长。

译文:不说总说别人的短处,也不要总说自己的长处。

❋毋以其所不能疑人,毋以其所能骄人。

译文:不要因为自己不能做到而怀疑别人也不能做到,也不要因为自己能做到就傲视别人。

❋吾头尽可断,吾节不可移。

译文:我的头可以断,我的气节不能改变。

❋勿施小惠伤大体,毋借公道遂私情。

译文:不要施与有伤大体的小恩小惠,不要假借公道的名义来实现自己的私愿。

❋勿叹蹉跎白发新,应须守道勿羞贫。

译文:不要总是感叹时间被浪费掉,新的白头发又长出来了,重要的是一定要遵循道义,不要把贫穷当作耻辱。

❋勿以薄而志不壮,贫而行不高也。

译文:不要因为弱小浅薄就没有豪情壮志,不要因为贫穷就没有高尚的行为。

✽先国家之急而后私仇。

　　译文:把解决国家危难放在首位,个人的仇怨放在后面。

✽先天下之忧而忧,后天下之乐而乐。

　　译文:在天下所有人忧虑前自己先忧虑,在天下所有人都快
　　　　乐后自己才快乐。

✽先义而后利者荣,先利而后义者辱。

　　译文:把道义放在利益之前的人光荣,把利益放在道义之前
　　　　的人耻辱。

✽闲居非吾志,甘心赴国忧。

　　译文:悠闲舒适的生活不是我的志向,我甘愿为国分忧。

✽贤人智士之于子孙也,厉之以志,弗厉以诈。

　　译文:贤人智士以高远的志向去劝勉子孙后代,而不以欺诈
　　　　去鼓动他们。

✽贤士不以耻食,不以辱得。

　　译文:有德行的人不会为了追求俸禄而甘受羞耻,也不会为
　　　　了获得名利而甘受侮辱。

✽贤者不得志于今,必取贵于后。

　　译文:贤明的人不能在当今得志,一定会在后世得到尊重。

✽贤者任重而行恭,知者功大而辞顺。

译文:贤德的人任务重而行为谦逊,有智慧的人功劳大而说话谦虚。

✿小人不诚于内而求之于外。

译文:小人不注重内心的修养,而只追求好看的外表。

✿小人好恶以己,君子好恶以道。

译文:小人的好恶仅凭自己的私利,君子的好恶凭借道义的标准。

✿小人可以为君子,君子可以为小人。

译文:无德的人可以修炼成为有德的人,有德的人也可以堕落为无德的人。

✿小善不足以掩众恶,小疵不足以妨大美。

译文:很小的优点不能够掩盖大的缺点;同样地,小的毛病也不能够遮住崇高的美德。

✿小信成,则大信立。

译文:在小的事情上讲究信用,那么,大的信用就能建立起来。

✿小言不废,片善是褒。

译文:很小的建议也应该虚心采纳,很小的善事也应该给予表扬。

✿小勇,血气所为;大勇,义理所发。

译文:小勇只是血气的一时冲动,大勇则需要道义激发。

✿孝敬仁义,百行之首。

译文:孝顺、尊敬、仁德和道义在众多德行之中是首先应该要做到的。

✿心安由自足,身贵为无求。

译文:心里安泰是因为知道满足,自身高贵是因为没有奢求。

✿心暗则照有不通,至察则多疑于物。

译文:心里昏暗,那么光线也照不进来;过于仔细,就会对事物多疑。

✿心虚能应事,心平能服人。

译文:虚心能够很好地处理事务,公正能够让人信服。

✿心欲小而志欲大,智欲圆而行欲方。

译文:思考要谨慎细致,志向却应该高远、宏大;智慧应该灵活圆通,而行为却要真诚、正直。

✿新沐者必弹冠,新浴者必振衣。

译文:刚洗完头的人一定会弹一弹帽子上的灰尘,刚洗完澡的人一定会抖一抖衣服上的灰尘。

✿信而又信,谁人不亲。

译文:讲诚信再讲诚信,有谁不来亲近你呢?

✼信欺在性，不在亲疏。

译文：一个人是诚信还是欺诈来自于他的本性，不在于他与
别人的关系是近还是远。

✼信禽法天运，断不为炎凉。

译文：大雁是按照自然的规律来移动的，不因为天气一时的
冷暖而变化。

✼刑过不避大臣，赏善不遗匹夫。

译文：惩罚有罪过的人，即使大臣也不能放过；赏赐做好事
的人，即使平民百姓也不能漏掉。

✼行己有耻。

译文：用羞耻之心来约束自己的行为。

✼行生于己，名生于人。

译文：行为是自己决定的，名声是别人给的。

✼修辞立其诚。

译文：言语应该建立在诚信的基础上。

✼学始于不欺暗室。

译文：学习首先要学做一个光明正大的人。

✼学有余者，虽盈若亏；内不足者，急于人知。

译文：学识渊博的人，虽然很有知识但却认为自己还差得很
远；学识浅薄的人，却急于向别人炫耀自己。

✿雪后始知松柏操,事难方见丈夫心。

　译文:大雪之后才知道松柏不畏严寒的节操,遇到危难才显
　　　露出大丈夫的赤诚之心。

✿言必信,行必果。

　译文:人讲话必须讲信用,做事一定要果断。

✿言而不信,何以为言。

　译文:说出话不算数,怎么能算是说话了呢?

✿言之者无罪,闻之者足以戒。

　译文:说话的人并没有过错,听到话的人要引以为戒。

✿养生冶性,行义求志。

　译文:培养生活的乐趣,陶冶自己的性情;奉行仁义的思想,
　　　追求美好的志愿。

✿一念之非即遏之,一动之妄即改之。

　译文:一个念头错了,就要马上制止;一个举动错了,就要立
　　　即改正。

✿一诺千金。

　译文:一句承诺,价值千金。

✿一忍可以支百勇,一静可以制百动。

　译文:忍一忍可以抵御勇猛,静一静可以控制冲动。

✿一伪丧百诚。

译文：一次的欺诈会抵消掉所有的诚实。

✿一言相期，死不之悔。

译文：一句约定的话，致死也不反悔。

✿一粥一饭，当思来处不易；半丝半缕，恒念物力维艰。

译文：即使是一碗粥、一顿饭，也应当想到它的来之不易；即使是半根丝、半缕线，也要想到劳作的艰辛。

✿以家为家，以乡为乡，以国为国，以天下为天下。

译文：按照家的要求治家，按照乡的要求治乡，按照国家的要求治理国家，按照天下的要求治理天下。

✿以镜自照见形容，以人自照见吉凶。

译文：用镜子可以看见自己的形象气色；把别人当做自己的镜子，可以看见自己的行为得失。

✿以铜为镜，可以正衣冠；以古为镜，可以知兴替；以人为镜，可以明得失。

译文：以铜作镜子，可以端正衣帽；以历史作镜子，可以知道兴衰更替；以人为镜子，可以明白得失。

✿以修身自强，则名配尧禹。

译文：通过品德修养达到自强，则名声可与古代圣贤尧、禹齐名。

✿以公灭私，民其允怀。

译文:以公心灭私情,民众才会心悦诚服。

✺以言责人甚易,以义持己实难。

译文:用语言来责备别人很容易,而用道义来要求自己却非常难。

✺倚强者弱,倚巧者拙。

译文:仗着自己强大的人就会削弱自己,仗着自己灵巧的人就会变得笨拙。

✺义不负心,忠不顾死。

译文:只要坚守道义就不会辜负自己的良心,坚守忠诚就不会顾及自己的生死。

✺义者不拙人以自益。

译文:有道义的人不会通过诋毁他人而增加自己的名望。

✺义,志以天下为芬。

译文:道义,就是立志把天下的事作为自己分内的事。

✺艺由己立,名自人成。

译文:人的学问是靠自己确立的,而名声则是由别人给予的。

✺逸生于劳而常休,乐生于忧而无厌。

译文:安逸建立在勤劳的基础上,就会长久安逸;快乐建立在忧思的基础上,就会永远快乐。

❋庸言必信之,庸行必慎之。

译文:平常所说的话一定要守信用,平常的行为一定要谨慎。

❋忧国者不谋身,周人者不私己。

译文:担心国家兴亡的人不考虑个人的事情,周济别人的人不为自己打算。

❋忧劳可以兴国,逸豫可以亡身。

译文:忧虑操劳国事,可以使国家兴旺;追求安逸享乐,可以使自己灭亡。

❋由俭人奢易,由奢人俭难。

译文:由节俭变得奢侈很容易,但是由奢侈转为节俭则非常困难。

❋游逸过乐,败德之源。

译文:贪图安逸和享乐,这是道德败坏的根源。

❋有公天下之心,方做得天下之事。

译文:有公心,才能为天下的百姓做实事谋利益。

❋有公心必有公道,有公道必有公制。

译文:有公心必然会有公道,有公道则必然会形成公正的制度。

❋有功则赏,有罪则刑。

译文:只要有功就应该得到奖赏,只要有罪就应该受到
    处罚。

✿有名而无实,天下之大患。

译文:只有表面的名义却没有实际的内容,这是天下最大的
    祸患。

✿有则改之,无则加勉。

译文:有某种错误就立即改正,假若没有这种错误,就要勉
    励自己不犯这样的错误。

✿于人无憎恶之私,唯公好恶而行之。

译文:不会因为私人的原因去厌恶一个人,只会因公事而喜
    欢或讨厌一个人。

✿愚者多悔,不肖者自贤。

译文:愚蠢的人经常后悔,没有才能的人往往自以为贤能。

✿与朋友交,言而有信。

译文:与人交往,说话必须讲信用。

✿与其有求于人,不若无欲于己。

译文:与其向别人索取,不如自己少一点欲望。

✿欲不匮则博施,欲长乐则守分。

译文:要想使自己财物不缺乏,就得多施舍;要想使自己永
    远快乐,就要安分守己。

享用一生的中华格言

❋欲当大事,须是笃实。

译文:想要承担大事,必须要具备诚实淳厚的品格。

❋欲修其身也,先正其心。

译文:要想修养自身,就要先端正自己的内心。

❋誉不可巧而立也。

译文:声誉不可能通过投机取巧来获得。

❋原浊者流不清,行不信者名必耗。

译文:如果水流的源头浑浊,水流必然不会清澈;如果行动
　　　不讲信用,名声就一定会受损。

❋源清则流清,心正则事正。

译文:源头的水清澈,水流才会清;内心正直,所做的事才能
　　　正确。

❋愿竭力以守义兮,虽贫穷而不改。

译文:愿意竭尽全力去守卫道义,即使贫穷困窘也不改变。

❋愿君崇明德,岁暮如青松。

译文:希望您注重高尚的道德修养,像青松那样四季常青,
　　　保持自己的晚节。

❋愿君学长松,慎勿作桃李。

译文:希望你学习长青不败的松树,千万小心不要作鲜妍一
　　　时的桃李。

❀在官唯明,莅事唯平,立身唯清。

译文:做官要廉明,处事要公正,做人要清白。

❀在火辨玉性,经霜识松贞。

译文:在火里才能辨别出宝玉的高洁品性,经过严霜才能识
别松树的坚贞。

❀责己重以周,待人轻以约。

译文:对自己要求严格而且全面,对别人要求宽松而且
简要。

❀乍向草中耿介死,不求黄金笼下生。

译文:宁可在草泽中死得光明磊落,也不愿在黄金笼里屈辱
求生。

❀丈夫立身须自省,知祸知福如形影。

译文:男子汉立身处世要经常自我反省,要知道祸与福不可
分离,就像影子总是跟着形体一样。

❀丈夫须兼济,岂能乐一身?

译文:大丈夫要为大众谋利益,怎么能只顾自己的安乐呢?

❀贞刚自有质,玉石乃非坚。

译文:坚贞刚直的品德本来就有自己的本性,如果与玉石相
比,则玉石不能算作最坚硬。

❀真美人不甚争珠翠,真书家不甚争笔墨。

译文:真正的美人并不怎么争珍珠翡翠之类的饰物,真正的
　　　书法家并不太讲究笔墨的质量。

❊真知非,则无不能去;真知过,则无不能改。

译文:真正了解了自己的不对之处,就没有什么不能去除
　　　的;真正知道了自己的过错,就没有什么不能改正的。

❊振衣千仞冈,濯足万里流。

译文:在巍巍千仞高的山冈上整理衣冠,在滔滔万里的江流
　　　中洗脚。

❊知过非难,改过为难。

译文:知道自己错了并不难,难的是改正错误。

❊知己者,智之端也,可推以知人也。

译文:能够清楚地了解自己,这是智慧的开端,可以从而推
　　　广,知道别人。

❊知己之短,不掩人之长。

译文:要知道自己的短处,不要掩盖别人的长处。

❊知之为知之,不知为不知,是知也。

译文:知道就是知道,不知道就是不知道,这才是明智的
　　　态度。

❊知足不辱,知止不殆,可以长久。

译文:知道满足,就会避免羞辱;知道节制,就不会有危险,

这样就可以长久的平安。

❋知足天地宽,贪得宇宙隘。

译文:知道满足就会觉得世界很宽阔,贪得无厌就会觉得宇宙很狭窄。

❋直言不用,故谄谀胜;谄谀不用,则直言胜。

译文:正直的意见不被采纳,所以谄媚奉承的话就占上风;谄媚奉承的话不被采纳,那么正直的意见就会占上风。

❋只解沙场为国死,何须马革裹尸还。

译文:只知道在战场上为国捐躯,何必一定要用马皮裹着尸体运回来安葬呢?

❋至信之人,可以感物。

译文:最讲诚信的人,可以感动众人。

❋志善者忘恶,谨小者致大。

译文:想要为善的人不会去干坏事,对于小事谨慎的人往往会成就大事。

❋志士贫更坚,守道无异营。

译文:有志向的人在穷困的时候更加坚强,能够坚守道义不去做别的追求。

❋志士仁人,无求生以害仁,有杀身以成仁。

译文:有志向、有仁义的人,不会为了自己苟活而去做违背仁义道德的事情,只会牺牲自己的性命来成全仁义。

✿志正则众邪不生,心静则众事不躁。

译文:意志坚定就不会产生邪恶的念头,内心宁静做事情就不会浮躁。

✿治家者先修己,修己者先正心。

译文:治理家庭要先提高自我的修养,提高自己的修养要先从端正自己的思想开始。

✿治身以及家,治家以及国。

译文:治理好自身,才能治理好家庭;治理好家庭,才能治理好国家。

✿治以道德为上,行以仁义为本。

译文:治理国家以提倡道德修养为最好的办法,为人处世以遵循仁义为根本。

✿智不深则非智,勇不沉则非勇。

译文:智谋不深沉不能算是智谋,勇敢不沉稳不能算是勇敢。

✿智而用私,不如愚而用公。

译文:聪明用在满足私欲上,还不如愚蠢一些但是一心为公。

✻智者不背时而侥幸,明者不违道以干非。

　译文:聪明的人不会违背当时的潮流以获得意外的收获,明

　　　　智的人不会违背道义去获得不应得到的一切。

✻智者不为小利移目。

　译文:聪明的人不因为小利而动摇自己的志向。

✻忠信谨慎,德义之基。

　译文:忠实、诚信、谨慎,是道德仁义的基础。

✻众不附者,仁不足也,附而不治者,义不足也。

　译文:民众不肯归附,那是因为他的仁德修养不够;即使归

　　　　附了而没有管理好,那是因为他的道义修养不够。

✻众木尽摇落,始见竹色真。

　译文:其他的草木都在寒风中落尽枝叶时,才能真切地看到

　　　　竹子青翠的本色。

✻种树者必培其根,种德者必养其心。

　译文:种树的人,一定要从培育树根着手;修养道德的人,一

　　　　定要从修养自己的内心做起。

✻重积德,则无不克。

　译文:不断地积累德行,就没有什么不能做到的。

✻周于德者,邪世不能乱。

　译文:有高尚道德修养的人,即使是身处乱世也不会改变自

己的节操和志向。

❀竹死不变节,花落有余香。

译文:竹子即使死了,也不会改变它坚实的竹节;花儿即使
飘落到地上,也依然保留着残余的芳香。

❀竹有低头叶,梅无仰面花。

译文:竹子有低垂的叶子,梅花没有花瓣朝上的。

❀自当舟楫路,应济往来人。

译文:自己掌管着舟船,就应当渡送往来的行人。

❀自高则必危,自满则必溢。

译文:自高自大就一定会有危险,自满就如同水满了会溢出
来一样。

❀自古驱民在信诚,一语为重百金轻。

译文:自古以来,成功地统治百姓的方法在于诚实地信守诺
言,这样的一句话比一百两金子还要贵重。

❀自后者人先之,自下者人高之。

译文:认为自己落后的人,别人会把你看作先进;认为自己
低下的人,别人会把你看得高尚。

❀自敬则人敬之,自慢则人慢之。

译文:自己尊敬自己别人也会尊敬你,自己轻慢自己别人也
会对你很怠慢。

✿自下者,人爱之;自守者,人敬之。

　译文:谦虚礼下的人,人们爱戴他;保持操守的人,人们敬
　　　重他。

✿自知不自见,自爱不自贵。

　译文:认识自己、了解自己,但是不显示自己;自重、自爱,但
　　　是不以为自己不平凡。

✿自知者英,自胜者雄。

　译文:能够了解自己的人是杰出的,能够战胜自己的人是强
　　　大而有力的。

✿自足者不足,自明者不明。

　译文:自以为完美的人还不完美,自以为明智的人往往
　　　糊涂。

✿尊人立莫坐,赐坐莫背人。

　译文:长辈站着,你就不要坐下;让你坐下,你就不要背对着
　　　别人。

✿作伪心劳,不如一实。

　译文:作假骗人劳费心思,还不如老实做人。

人生篇

✿ 把语言刻进行动,才有机会拥抱成功。

✿ 并不是先有了勇气才敢于说话,而是在说话的同时培养了勇气。

✿ 长久的快乐使人年轻,就是最短的欢笑,也会使你增添勇气。

✿ 诚实是一块板子,坦率是另一块板子:这两块板子可以夹得你很直。

✿ 重逢的动力是真诚的离别。

✿ 聪明的人用出色的拼搏妆点青春,愚蠢的人以疯狂的玩乐演绎生命。

✿ 大部分人往往对已经失去的机遇捶胸顿足,却对眼前的机遇熟视无睹。

✿ 等待会使你失去今天,奋斗会使你得到明天。

✿ 很多显得像朋友的人其实不是朋友,而很多是朋友的人倒不显得像朋友。

✿ 忽略健康的人,就是等于在与自己的生命开玩笑。

✿ 花中牡丹最鲜艳,人间友情最可贵。

✸机遇总是钟情于准备好的人。

✸即使是不成熟的尝试,也胜于胎死腹中的策略。

✸坚强是成功者的通行证,懦弱是失败者的墓志铭。

✸健全自己的身体,保持合理的规律生活,这是自我修养的物质基础。

✸节省时间,也就是使一个人的有限生命更加有效。

✸可以敷衍他人,敷衍工作,敷衍一切,但最终却发现敷衍了自己。

✸苦闷起于人生对于"有限"的厌倦,幻想就是人生对于"无限"的寻求。

✸困难是一块顽石,对于弱者它是绊脚石,对于强者它是垫脚石。

✸困难像弹簧,你强它就弱,你弱它就强。

✸浪费了时间就是牺牲了生命。

✸老要靠别人的鼓励才去奋斗的人不算强者,有别人的鼓励还不去奋斗的人简直就是懦夫。

✸两个人共尝一个痛苦只有半个痛苦,两个人共享一个欢乐却有两个欢乐。

✸零,只有和实数在一起才有意义;思想,只有和行动在一起才能发出光辉。

❀路是从没有路的地方走出来的,只有善于披荆斩棘、历尽艰苦的人,才能走到幸福的天堂。

❀旅行的长度由钱包决定,旅行的宽度由目光决定,旅行的深度由心灵决定。

❀忙里偶然偷闲,闹中偶然习静,于身于心,都有极大裨益。

❀没有比人更高的山,没有比脚更长的路。

❀命运,不过是失败者无聊的自慰,不过是怯懦者的自嘲。

❀命运就像自己的掌纹,虽然弯弯曲曲,却永远掌握在自己手中。

❀命运是不可改变的,可以改变的只是我们对命运的态度。

❀母亲的眼睛,是我奋进的动力;母亲的皱纹,是我成长的阶梯。

❀能够像风一样吹开人的忧伤的,不是海,而是陆地上人自己创造的生活的欢乐、劳动的愉快。

❀你把周围的人看作魔鬼,你就生活在地狱;你把周围的人看作天使,你就生活在天堂。

❀你若不想做,会找一个借口;你若想做,会找一个方法。

❀你要赶路,就不要带得太多;你要休息,就不要想得太多。

❀懦夫把困难举在头顶,英雄把困难踩在脚下。

❀强者征服今天,懦夫哀叹昨天,懒汉坐等明天。

❀琴弦松弛,弹不出动听的乐曲;生活散漫,点不燃生命的火焰。

❀青春是最优美的歌曲,需要你全身心地去吟唱。

❀青年贵能自立,尤贵能与老人协力;老人贵能自强,尤贵能与青年调和。

❀求乐的人生观感,才是自然的人生观,真实的人生观感。

❀人必生活着,爱才有所附丽。

❀人的一生就像一篇文章,只有经过多次精心修改,才能不断完善。

❀人的最大对手是自己。走过自我,人生就是一马平川;被自己击败,人生就成了荒芜的山野。

❀人生的成绩好像是清道夫,怎么做都看不出来,可是一不做就看出来。

❀人生的道路是曲折的,而真理是永存的,当一个人认定了一个真理,就要为它披荆斩棘,冲锋不止。

❀人生的路本来满布了荆棘,但是成功者会用希望之光照亮他的旅途,用忍耐的火来烧净那些荆棘。

❀人生就像解方程,运算的每一步似乎都无关大局,但对最终求解都是必要的。

❀人生实在是一本大书,内容复杂,分量沉重,值得翻到个人所能翻到的最后一页,而且必须慢慢地翻。

✽人生,是建筑历史的一块砖瓦,是与风浪搏斗的一支桨,是耕耘大自然的一头牛,是帮助别人攀登的一道梯。亲爱的朋友,你愿意你的人生是什么呢?

✽人生是严酷的,热情的心性不足以应付环境,热情必须和智勇联结起来,方能避免环境的摧残。

✽人生重要的是选择。

✽人须有生趣才能有生机。

✽人一生下来就会哭,笑是后来才学会的。所以忧伤是一种低级的本能,而快乐是一种更高级的能力。

✽任何一种对时间的点滴浪费,都无异于一种慢性的自杀。

✽如果人们不能领略我们这个尘世生活的乐趣,那就是因为他们没有深爱人生。

✽上帝给每个人都是 24 小时,给这 24 小时赋予价值的,是你自己。

✽生活对于智者永远是一首昂扬的歌,它的主旋律永远是奋斗。

✽生命是可爱的,但寒冷的、寂寞的生,却不如轰轰烈烈的死。

✽生命因短暂而宝贵,友谊因真诚而珍贵。

✽失掉了现在,也就没有了未来。

❀时间是由分秒积成的,善于利于零星时间的人,才会做出更大的成绩来。

❀思考是一件最辛苦的工作,这可能是为什么很少人愿意思考的原因。

❀虽然我们无法改变人生,但可以改变人生观;虽然我们无法改变环境,但我们可以改变心境。

❀所谓没有时间,是因为没有很好地利用它。

❀天下事只有做不做,没有小不小。

❀我们无法选择自己的脑袋,但可以选择自己喜欢的思想。

❀我们自身就是我们命运的原因。

❀无端地空耗别人的时间,其实是无异于谋财害命的。

❀无理智的感情,纵有,不过是片刻的昙花;有理智的真感情才是人生的维系。

❀无限的"过去"都以"现在"为归宿,无限的"未来"都以"现在"为渊源。

❀夕阳的无限好,在于用心灵去感受;青春的无限美,需要用行动去把握。

❀希望是生命的阳光,行动是希望的翅膀。

❀鲜花要用水浇灌,友谊要靠人珍惜。

❀像朽木最易燃烧、老马最为温驯、古书最富意趣、陈酒最为醇厚一样,老朋友是最可信赖的。

✿心里常存感激,不要以为一切都是理所应当的。

✿幸福是微笑,是爱意,是从从容容过好每一天;幸福是倾诉,是交流,是快快乐乐分享每一刻。

✿幸福是一缕花香,那花开放在你心灵深处,只需微风轻轻吹动,便能散发出使你陶醉的芳香。

✿幸福是一种对生命的珍重和对生活的热爱。

✿阳光能驱走严寒,友谊能化解忧愁。

✿一幅斑斓的图画需要画家细心地点缀,一个美好的人生需要人们孜孜不倦地奋斗。

✿一片叶子跟毛毛虫交朋友,整棵树都要遭殃了。

✿拥有时不知珍惜,失去才觉珍贵,让我们共同珍惜现在所拥有的一切。

✿有的人活着,他已经死了;有的人死了,他还活着。

✿有了机会不要放过,没有机会不要放松。

✿有朋友同行是种安全,有朋友声援是种力量,有朋友忠告是种激励,有朋友惦念是种幸福。

✿有人帮你,是你的幸运;无人帮你,是公正的命运。没有人该为你做什么,因为生命是你自己的,你得为自己负责。

✿有人说夜间行路,被陌生人信任是一种幸福;有人说落难关头,被好友关怀是一种幸福;也有人说漂泊在外,被亲人牵挂是一种幸福。

✿语言是花朵,行动是果实。

✿在生活中,如果犹豫昨天,就会放弃今天,即使等到明天,后天也将一事无成。

✿在圆周上,终点就是起点。

✿真诚是交友的最高技艺,洞察力是交友的重要安全保障,宽容是培植友情的沃土。

✿真正的青春,只属于那些永远力争上游的人,永远忘我劳动的人,永远谦虚的人。

✿只有孜孜不倦地求索,才有源源不断的收获。

✿智慧的河流,越深越无声。

✿自古成功在尝试。

✿爱极则纵,纵则难堪。

译文:过分地宠爱就会放纵,过于放纵就会令人难以承受。

✿爱人者兼及屋上之乌,不爱人者及其胥余。

译文:对喜欢的人,连他家屋顶上的乌鸦都喜欢;对不喜欢的人,连他家的墙壁都厌恶。

✿爱亲者,不敢恶于人;敬亲者,不敢慢于人。

译文:爱护自己亲人的人,不敢憎恶别人;尊敬自己亲人的
　　　人,不敢怠慢别人。

❀哀吾生之须臾,羡长江之无穷。

译文:哀叹个人生命的短暂,羡慕长江的永恒。

❀安乐有致死之道,忧患为养生之本。

译文:安逸享乐往往会致人死地,困苦忧患是养生的根本。

❀白圭之玷,尚可磨也;斯言之玷,不可为也。

译文:白玉上的斑点,还可以磨掉;但人若是说错了话,那后
　　　果就无法改变了。

❀白日莫空过,青春不再来。

译文:大好的时光不要虚度,美好的青春年华一旦逝去就不
　　　会重来。

❀白日去如箭,达者惜分阴。

译文:时光就像射出的箭一样很快就消失了,洞明事理的人
　　　要珍惜每一分的光阴。

❀百病不愈,安得长生。

译文:很多病都没有治好,怎么还能够长生不老呢?

❀百川赴海返潮易,一叶报秋归树难。

译文:河流汇聚到大海返潮很容易,但是树叶到了秋天一旦
　　　落地,要想再回到树上就难了。

✤百年讵几时,君子不可闲。

译文:人生百年能有多长久呢,君子一定不要虚度时光。

✤病而后知安之获,患而后知平之益。

译文:经历了病痛之后才知道健康带给人的安乐,遇到灾祸
之后才知道平安的好处。

✤病来如山倒,病去如抽丝。

译文:病来的时候像山崩一样迅速,去的时候却像抽丝一样
缓慢。

✤病至宜忘病,病去不宜忘病。

译文:得了病应该忘记病痛,病好了不应该忘掉当时的
痛苦。

✤不宝咫尺玉,而爱寸阴旬。

译文:不把一咫(八寸)大的宝玉看得宝贵,而要珍惜一点一
滴的时间。

✤不饱食以终日,不弃功于寸阴。

译文:不吃饱了饭整天无所事事,不虚度每一寸光阴。

✤不贵尺之璧,而重寸之阴。

译文:不把一尺长的宝玉看得很贵重,要看重一点一滴的
时间。

✤不累于俗,不饰于物。

译文:不被世俗所拖累,不用外物来矫饰。

✿不乱离不知太平之难,不疾痛不知无痛之福。

译文:不经历社会动乱、亲人分离就不知道太平生活的难得,不经受疾病、痛苦的折磨就不知道没病的幸福。

✿不念旧恶,怨是用希。

译文:不计较别人的旧恶,因此别人的怨恨就少。

✿不识庐山真面目,只缘身在此山中。

译文:之所以看不清庐山的真实面目,只是因为你置身于此山当中。

✿不受苦中苦,难为人上人。

译文:经不住艰难困苦的磨炼,就不能出人头地。

✿不清不见尘,不高不见危。

译文:不清洁的东西看不出被灰尘污染,不高出别人就不会被人危害。

✿不须忧老病,心是自医王。

译文:不用为衰老、疾病忧虑,良好的心态是自己最好的医生。

✿不以言举人,不以人废言。

译文:不因说话动听而提拔他,不因人不好就不重视他的话。

✿不以一己之利为利,而使天下受其利;不以一己之害为害,
而使天下释其害。

译文:不把个人的利益当作最高利益,而让天下人得到最高
利益;不把个人的损失当作最大损失,而让天下人躲
避开最大损失。

✿不以欲伤生,不以利累形。

译文:不因为欲望损伤自己的生命,不因为利益损害自己的
身体。

✿不在逆顺,以义为断;不在憎爱,以道为贵。

译文:不论处于顺境还是逆境,应当以道义决断一切;不管
憎恨还是喜欢,应当把道义放在首位。

✿才者璞也,识者工也。良璞授于贱工,器之陋也;伟才任于
鄙识,行之缺也。

译文:人才就像未经雕琢的玉石,发现人才的人像做玉的工
匠。好的玉石落到技术低劣的工匠手里,做出来的玉
器一定简陋;有卓越才能的人在见识短浅的人的手下
做事,做出来的事情也一定十分欠缺。

✿财有限,费用无穷,当量入为出。

译文:财物是有一定限度的,可消费却是没有止境的,因此
每个家庭都应该计算自己的收入作为支出。

❀策马前途须努力,莫学龙钟虚叹息。

译文:要用鞭子赶着马儿努力向前,奔赴前程,不要学习衰老的样子徒然在那儿叹息。

❀测浅者不可以图深,见小者不可以虑大。

译文:在浅水中测量的人不能够想出深水中的情况,终日只看到小事物的人不能够考虑重大问题。

❀长绳难系日,自古共悲辛。

译文:再长的绳子也难以捆缚住将要落山的太阳,自古以来人们就为此感到悲哀。

❀巢居者先知风,穴处者先知雨。

译文:在巢中居住的动物,能预先知道将要刮风;在洞中生活的动物,能预先知道将要下雨。

❀惩病克寿,矜壮死暴。

译文:预防疾病的人能够长寿,自认为身体健壮的人却会突然死亡。

❀尺璧非宝,重此寸阴。

译文:不把尺许长的宝玉当作宝物,而是珍重每一寸光阴。

❀持索捕风几时得? 将刀斫水几时断?

译文:拿着绳子去捉风,什么时候能捉到? 拿着刀去砍水,什么时候能砍断?

✿春华不自赏,壮岁求其根。

译文:青春年少不要自我欣赏,应当想到壮年时有所作为。

✿春夏养阳,秋冬养阴。

译文:每当春夏的时候,要蓄养阳气;而每当秋冬的时候,则
　　　可蓄养阴气。

✿春宵一刻值千金。

译文:春天的夜晚就算只有一刻的时间也价值千金。

✿此生不学一可惜,此日闲过二可惜,此身一败三可惜。

译文:人生有三个可惜的地方:一是一辈子不学习,二是一
　　　天无所事事地闲过下去,三是一辈子碌碌无为。

✿从来好事天生俭,自古瓜儿苦后甜。

译文:从来都是天降好事的时机很少,自古以来瓜儿总是先
　　　苦后甜。

✿寸寸积阴,日以当两;分分积阴,日以当月。

译文:一寸一寸地积累光阴,一天当成两天过;一分一分地
　　　积累光阴,一天当成一月过。

✿蹉跎莫遣韶光老,人生惟有读书好。

译文:不要让美好的青年时光白白浪费,人的一生只有读书
　　　是最快乐的。

✿大禹圣者,乃惜寸阴;至于众人,当惜分阴。

译文:大禹这样的圣人都珍惜每一寸光阴;至于普通人,更

应当珍惜每一分光阴。

✿大害必有小利为之媒,大利必有小害为之倪。

译文:大的祸害一定会有微小的好处替它作媒介,大的好处

一定会有微小的祸害为它做借鉴。

✿怠慢忘身,祸灾乃作。

译文:懒惰懈慢就会忘记自身,灾祸就会产生。

✿达命者不怨天,达生者不尤人。

译文:通达的人不会抱怨老天,不受事务牵累的人不会怨恨

别人。

✿道险不在广,十步能摧轮;情忧不在多,一夕能伤神。

译文:道路的险恶不在于长,十步险路就能够将车轮毁坏;

内心的忧愁不在于多,一晚上就能让人精神受损。

✿得鱼而忘荃,得意而忘言。

译文:有这样一种人,捕到了鱼就忘记了捕鱼的器具,明白

了思想就忘记了语言。

✿多忿害物,多欲害己,多逸害性,多忧害志。

译文:怨恨太多会损害别人,欲望太多会损害自身,享乐太

多会损害品性,忧愁太多会损害志气。

✿恶言不出于口,忿言不反于身。

译文：不说难听的话伤害别人，那就不会有难听的话伤害
　　　自己。

✿耳闻之不如目见之，目见之不如足践之。

　译文：耳朵听见不如亲眼看见，亲眼看见不如脚踏实地去
　　　实践。

✿发愤忘食，乐以忘忧，不知老之将至。

　译文：发愤用功以至于忘了吃饭，学有所获就高兴得忘了忧
　　　愁，连自己快步入老年了也没有觉察。

✿分争者不胜其祸，辞让者不失其福。

　译文：争执不休的人将承受不住突来的祸害，谦逊辞让的人
　　　不会失去自己的福气。

✿逢人不说人间事，便是人间无事人。

　译文：见人不谈论人间之事，就是超凡脱俗之人了。

✿浮生恰似冰底水，日夜东流人不知。

　译文：人生就像那暗藏在冰底的流水，日夜不停地向东流
　　　逝，人们却完全看不见。

✿浮言可以事久而明，众嗤可以时久而息。

　译文：流言可以随着事情的发展而变得明朗起来，众人的嘲
　　　笑也可以随着时间的流逝而平息。

✿福莫大无祸，利莫美不丧。

译文:幸福没有比无灾祸更大的,利益没有比不丢失什么更好的。

✱福莫长于无祸。

译文:最大的幸福就是没有灾祸。

✱福在积善,祸在积恶。

译文:经常做善事就会有福气,经常做恶事就会招致灾祸。

✱俯仰终宇宙,不乐复何如。

译文:低头昂首之际,就可以饱览天地万物,这样还不快乐又如何呢?

✱阁中帝子今何在? 槛外长江空自流。

译文:往日阁中曾经住过的帝王子孙们,如今又在何处呢? 只有那栏杆外的长江水,依旧独自滚滚东流。

✱孤洁以骇俗,不如和平以谐俗。

译文:孤傲高洁因而使世人惊骇,不如温和平实与世人和谐相处。

✱古人倦夜长,尚秉烛游,况少年白昼而掷之乎?

译文:古人厌倦黑夜的漫长,尚且要拿着蜡烛夜游,(今天的)年轻人怎么能随便浪费白天的大好时光呢?

✱观于海者难为水,游于圣人之门者难为言。

译文:对于观看过大海的人,别的水流就很难有吸引力了;

在受过圣人教诲的人面前,其他的言论也很难吸引他了。

❀光阴似箭催人老,日月如梭趱少年。

译文:时光飞逝就像那离弦之箭催着人衰老,日月就像飞梭一样追赶着少年。

❀贵莫贵于无求,富莫富于知足。

译文:没有比无所求更可贵的了,没有比知足更富有的了。

❀好面誉人者,亦好背而毁之。

译文:喜欢当面奉承别人的人,也喜欢在背后说别人的坏话。

❀何以辨真性,幽篁雪中绿。

译文:如何才能认识一个人的品行呢? 看看严寒中翠绿的竹林吧。

❀何意百炼钢,化为绕指柔。

译文:谁能想到经过百般锻炼的精钢,现在竟然能够柔软得缠绕在手指上。

❀和气致祥,乖气致戾。

译文:和气能带来吉祥,乖张会导致祸殃。

❀厚积者远发,蓄硕者用充。

译文:准备非常充分,就会走得很远;储备非常丰厚,就可以维持很长的时间。

✿花开堪折直须折,莫待无花空折枝。

译文:花开可以折取的时候就应该折取,不要等到无花的时候才去折取空枝。

✿花落还再开,人老无少期。

译文:花儿落了还会再开,人老了却不会再回到少年时光。

✿花有重开日,人无再少年。

译文:花儿谢了还有再开的时候,人老了青春就一去不复返了。

✿患生于多欲,害生于弗备。

译文:祸患产生于欲求过多,灾害产生于毫无防备。

✿宦情太浓,归时过不得;生趣太浓,死时过不得。

译文:对做官很迷恋,辞官归隐的时候就会很难过;对生命很迷恋,死的时候就会受不了。

✿祸不妄至,福不徒来。

译文:灾祸不会盲目地降临,幸运也不会无缘无故地来到。

✿祸常发于所忽之中,而乱常起于不足疑之事。

译文:灾祸常常都是因为疏忽引起的,而祸乱往往都是发生在一些看起来毫不可疑的事情上。

✿祸到休愁,也要会救;福到休喜,也要会受。

译文:灾祸来的时候不要发愁,要学会补救;福气来的时候不要沾沾自喜,要学会享受。

❀祸固多藏于隐微,而发于人之所忽。

译文:灾祸本来就大多藏匿在隐蔽和细微的地方,而在人们的轻忽中产生。

❀祸莫大于不知足,咎莫大于欲得。

译文:祸害没有比不知足更大的了,罪过没有比贪婪更严重的了。

❀祸与福同门,利与害为邻。

译文:灾祸与福分同住一屋,利益与危害互为邻居。

❀积爱成福,积怨成祸。

译文:多与人友爱,就可得到幸福;多与人发生怨恨,就会造成祸害。

❀积善之家,必有余庆;积不善之家,必有余殃。

译文:好事做得多的人家,必然会享有很多的福禄;坏事做得多的人家,必然会遭受无穷的灾祸。

❀羁鸟恋旧林,池鱼思故渊。

译文:关在笼子里的飞鸟,仍然怀念它以前生活过的树林;养在水池里的鱼,仍然想念它以前生活过的江河。

❀吉人之辞寡,躁人之辞多。

译文:善良的人说话少,浮躁的人说话多。

✿既以为人己愈有,既以与人己愈多。

译文:尽力帮助别人自己会得到更多的帮助,尽力给予别人
自己也会得到更多的利益。

✿简发而栉,数米而炊,窃窃乎又何足以济世哉。

译文:选择头发来梳理,点数米粒来烹煮:计较于区区小事
又怎么能够有益于世啊!

✿谏不足听者,辞不足感心也。

译文:如果真诚地规劝还不能使人听从,那是因为措词不能
感动人心。

✿江边一树垂垂发,朝夕催人自白头。

译文:江边梅树快要发青抽芽,岁月催人老,转眼人就满头
白发了。

✿骄人好好,劳人草草。

译文:骄傲的人容易得意忘形,谦虚的人总是居安思危。

✿骄溢之君无忠臣,口慧之人无必信。

译文:骄奢的君王没有忠臣,说话动听的人不一定可信。

✿节物后先南北异,人情冷暖古今同。

译文:应时的景物出现的先后在南、北方是不同的,但人情
世故古今却是一样的。

✿节欲则民富,中听则民安。

译文:节制个人奢欲,人民就会富裕起来;公正判断讼事,人
民就会感到心安。

✿祸之所由生也,生自纤纤也。

译文:灾祸的产生,是由细微的萌芽状态开始,慢慢地发展
起来的。

✿今年花似去年好,去年人到今年老。

译文:今年的花开得像去年一样艳丽,今年的人却比去年老
了一岁。

✿今日不为,明日亡货;昔之日已往而不来矣。

译文:今天无所作为,明天就没有收获。日子一旦过去,就
不会再回来了。

✿今人不见古时月,今月曾经照古人。

译文:今人没有见过古时的月亮,今天看到的月亮却曾经照
过古时的人。

✿金乌长飞玉兔走,青鬓长青古无有。

译文:日月穿梭,时光流逝,自古以来没有青春常在的事情。

✿经事还谙事,阅人如阅川。

译文:经历的事情多了懂得的事情才多,看过的人多了阅历
就像溪水汇成江河一样也增多了。

✿惊风飘白日,光景驰西流。

译文:就像疾风卷走了白日,时光飞速地向西流逝。

✿井鱼不可与语大,拘于隘也;夏虫不可与语寒,笃于时也。

译文:生活在井里的鱼,无法同它谈论广阔的江海,因为它的视野拘束在狭小的井里;生活在夏季的昆虫,无法和它谈论冬天的寒冷,因为它的感知局限在夏天的季节里。

✿敬时爱日,非死不舍。

译文:敬守农时,爱惜时间,不到死的时候决不放弃自己的事业。

✿久卧伤气,久坐伤肉。

译文:长久地躺着,血流不畅,就会伤气;长久地坐着,四肢不活动,就会虚胖。

✿居安思危,思则有备,有备无患。

译文:处于平安的环境要想到危险,想到危险就有所准备,有了准备就没有祸患。

✿君看白日驰,何异弦上箭。

译文:你看那太阳疾驰,就像离弦的箭一样快。

✿君子道其常,而小人计其功。

译文:君子按照道德准则来办事,而小人以利益多少来办事。

✿君子多欲则贪慕富贵,枉道速祸;小人多欲则多求妄用,败
　家丧身。

　译文:君子贪心就会企慕富贵,不走正路,从而加速灾祸的
　　　　到来;小人贪心就会四处钻营,恣意挥霍,致使家败
　　　　人亡。

✿君子过人以为友,不及人以为师。

　译文:君子对待别人,如果自己超过别人,就以对方为朋友;
　　　　如果自己不及别人,就以对方为老师。

✿君子见机而作,愚者暗于成事。

　译文:有德行的人,总是抓住适当时机而有所作为;愚笨的
　　　　人,不懂得把握时机而办不成事。

✿君子交有义,不必常相从。

　译文:如果交朋友是以道德为基础,则不必相随相从。

✿君子进德修业,欲及时也。

　译文:君子培养自己的道德,学习文化知识,需要抓紧时间。

✿君子千言有一失,小人千言有一当。

　译文:有学问的人说一千句话不免有一句不妥当,平庸的人
　　　　说一千句话也会有一句很中肯。

✿君子生以辱,不如死以荣。

译文:君子与其屈辱地活着,不如光荣地死去。

❀君子坦荡荡,小人常戚戚。

译文:君子胸怀宽广,无忧无虑,小人则常常忧愁哀戚。

❀君子言忧不言乐,然而乐在其中也;小人知乐不知忧,故忧常及之。

译文:君子谈论忧愁而不谈论快乐,但他们却有不尽的快乐;小人只知道快乐而不知道忧愁,所以忧愁常常降临在他们身上。

❀君子之学进于道,小人之学进于利。

译文:君子做学问是为了在道德上有所长进,小人做学问是为了在营谋私利方面更进一步。

❀君子周而不比,小人比而不周。

译文:道德高尚的人以道义与人结交而不结党,品行卑劣的人好以私利互相勾结而不考虑道义。

❀君子自难而易彼,众人自易而难彼。

译文:君子能够自己承担艰难的事,而让他人承担容易的事;众人则自己承担容易的事,而让他人承担艰难的事。

❀看尽人间兴废事,不曾富贵不曾穷。

译文:看遍了人间种种兴盛和衰落的事情,感悟富贵与贫穷都是身外之物。

❀可损之善,莫善损忿欲。

译文:关于控制自己,莫过于抑制愤怒和情欲。

❀口是祸之门,舌是斩身刀。

译文:嘴是产生祸患的门,舌头是斩杀自身的刀子。

❀苦心殊易老,新发早年生。

译文:过于劳心很容易衰老,年纪轻轻就会长出白发。

❀狂夫之言,圣人择焉。

译文:狂人说的话,圣人也要听他是否有正确之处。

❀乐不以忧而废,忧不以乐而忘。

译文:不要因为还有忧愁的事情就放弃了快乐,也不要因为一时的快乐就忘却了忧愁的事情。

❀乐易者常寿长,忧险者常夭折。

译文:乐观的人长寿,忧虑的人短命。

❀力可以得天下,不可以得匹夫匹妇之心。

译文:通过武力可以征服天下,却不能得到天下平民百姓的衷心拥护。

❀廉者憎贪,信者疾伪。

译文:廉洁的人憎恨贪得无厌,守信用的人痛恨弄虚作假。

❀良时正可用,行矣莫徒然。

译文：正是施展自己才能的好机会，不要辜负了大好时光。

✿两虎相斗，其势不俱生。

译文：两只虎相争斗，则必定有一方受到伤害。

✿烈士多悲心，小人偷自闲。

译文：有雄心壮志的人常常为国家担忧，世俗庸人则总是苟且偷生，贪图安逸。

✿临祸忘忧，忧必及之。

译文：面临灾祸而忘记忧患，忧患必然发生。

✿流光容易把人抛。

译文：流动的光阴很容易把人抛在后面。

✿流水不腐，户枢不蠹，动也。

译文：流动的水不会腐坏，转动的门轴不生蛀虫，都是因为它们在不停地运动。

✿路遥知马力，日久见人心。

译文：通过遥远的路途，才可以知道马到底有多大的力量；时间长了，才可以分辨出人心究竟是好还是坏。

✿落红不是无情物，化作春泥更护花。

译文：落花不是没有情义的东西，化作春天的泥土后还可以更好地培护花朵。

✿民生在勤，勤则不匮。

译文:老百姓的生计在于辛勤劳作,只有不断地耕耘,财物才不会缺乏。

✿名不正,则言不顺;言不顺,则事不成。

译文:名义上用词不恰当,言语上就不能顺理成章;言语上不能顺理成章,事情就不会成功。

✿莫道韶华镇长在,发白面皱专相待。

译文:不要说美好的年华能够永驻,一个人很快就会白发满头、皱纹满面。

✿莫见长安行乐处,空令岁月易蹉跎。

译文:不要看见长安是寻欢作乐的地方,就让光阴虚度。

✿莫嗟一日日催人,且贵一年年入手。

译文:不要感叹时间一天天逝去催人老,要珍惜手中每一年的时光。

✿莫信直中直,须防仁不仁。

译文:不要轻信貌似正直的人,必须防备表面上看来很仁慈,但实则相反的人。

✿莫言三十是年少,百岁三分已一分。

译文:不要说三十岁还算年轻,就算人活百岁也已经过了三分之一了。

✿莫倚儿童轻岁月,丈人曾共尔同年。

译文:不要仗着年轻就轻视岁月的流逝,年老的人也曾经和你一样年轻过。

❀沐猴而冠带,知小而谋强。

译文:才智低下的人谋求做大事,就像猕猴戴上帽子穿上衣服冒充人一样。

❀男儿通塞宁有常,层冰之后生春阳。

译文:男子汉视穷达如很平常的事,层层的冰雪消融后就是春天明媚的阳光。

❀男儿有泪不轻弹,只因未到伤心处。

译文:男子汉不轻易落泪,只是因为没有到伤心的时候。

❀内睦者家道昌,外睦者人事济。

译文:全家人和睦相处,家境就会兴盛;与外人和睦相处,各种事情就都能办成功。

❀能除患则为福,不能除患则为贼。

译文:能够铲除祸患就是福,不能铲除祸患就是害。

❀年不可举,时不可止。

译文:岁月不可以挽留,时间从不会停息。

❀年难留,时易陨,厉志莫赏徒劳疲。

译文:年华难留,时光易逝,应该立志奋发,不要庸庸碌碌,白白劳累却无所收获。

✿年少当及时,蹉跎日就老。

译文:年轻时应当抓紧时间,虚度光阴转眼人就老了。

✿鸟飞反故乡兮,狐死必首丘。

译文:小鸟无论飞出去多远,最后都还是要返回旧林;狐狸
临死时总要把头对着自己的穴丘。

✿宁有瑕而为玉,毋似玉而为石。

译文:宁可做一块有杂斑的美玉,也不要做貌似美玉的
石头。

✿怒中之言,必有泄漏。

译文:人在愤怒之时说的话,肯定会有错误和漏洞。

✿偏听生奸,独任成乱。

译文:偏听一方面的话,就会使奸邪得逞;独断专行地处事,
就会使祸乱形成。

✿贫贱之交不可忘,糟糠之妻不下堂。

译文:在贫贱时结交的朋友不能忘记,同甘苦、共患难的结
发妻子不能休掉。

✿破松见贞心,裂竹看直文。

译文:破开松才见到坚贞之心,裂开竹方可看到直纹。

✿弃德崇奸,祸之大者也。

译文:弃绝道德,崇尚奸诈,就要酿成大祸啊!

享用一生的中华格言

✱巧言乱德,小不忍则乱大谋。

译文:花言巧语就会损害人的德行,小事不知忍让就会破坏大的计划。

✱青春留不住,白发自然生。

译文:美好的青春年华不可能永驻,人老了白发自然就爬上了鬓角。

✱青春岂不惜,行乐非所欲。

译文:青春年华怎么能不珍惜? 行乐不是我所追求的。

✱青春须早为,岂能长少年。

译文:要趁着青春年少的时候及早有所作为,人怎么能一辈子都是少年呢?

✱青春虚度无所成,白首衔悲亦何及。

译文:年轻的时候虚度光阴一事无成,到年老了再悲伤也来不及了。

✱饶你天才,青春挽不来;饶你仙胎,白头撇不开。

译文:任凭你是天才,青春过去也挽不回来;就算你是仙人,头发也会变白。

✱人不可貌相,海水不可斗量。

译文:人不可以用外貌来衡量,海水不可以用斗来称量。

✱人才难得而易失,人主不可不知之。

译文:有才能的人难以得到而又容易失去,做君主的不能不
清楚这一点。

❀人逢喜事精神爽,月到中秋分外明。

译文:人遇到喜事精神就十分爽朗,月亮到中秋就分外
明亮。

❀人各有志,所规不同。

译文:每个人都有各自的志向,只是各自追求的不一样。

❀人固未易知,知人亦未易也。

译文:人本来不容易被人所了解,而要了解别人也未必
容易。

❀人间桑海朝朝变,莫遣佳期更后期。

译文:人世间沧海桑田变化莫测,不要把美好的时光白白地
错过。

❀人生不满百,常怀千岁忧。

译文:人的一生不到一百年,却要为上千年的事情忧虑。

❀人生不失意,焉能暴己知。

译文:人生路上如果不经历坎坷,怎么能很快地增长自己的
见识和才干呢?

❀人生处一世,去若朝露晞。

译文:人活在世上一辈子,就像早上的露水被升起的太阳晒

干那么短暂。

✿人生代代无穷已,江月年年只相似。

　　译文:人类一代代繁衍下去没有穷尽,而江边的月亮年年都
　　　　是一样的。

✿人生到处知何似,恰似飞鸿踏雪泥。

　　译文:人生在世四处漂泊像什么呢? 就像那飞鸟落在雪地
　　　　上留下的一点爪印,转瞬即逝。

✿人生非寒松,年貌岂长在。

　　译文:人又不是松树,怎么可能像松树一样保持容貌不
　　　　变呢?

✿人生归有道,衣食固其端。

　　译文:人生要想追求正道,衣食就是它的开端。

✿人生何适不艰难,赖是胸中万斛宽。

　　译文:人生走到哪儿没有艰难呢? 只不过仰赖心胸开阔
　　　　罢了。

✿人生忽如寄,寿无金石固。

　　译文:人的一生倏忽即逝,就像在天地间寄居,寿命没有金
　　　　属和石头那么长久。

✿人生寄一世,奄忽若飙尘。

　　译文:人生一世,就像被狂风时时卷起的尘土一样变化

无常。

✿人生若波澜,世路有屈曲。

译文:人生就像波涛有起有落,所走过的路总会是曲曲
折折。

✿人生天地间,忽如远行客。

译文:人生一世,就像一个匆匆远行的过客。

✿人生天地间,如何不植立?

译文:人生来到世间,为什么不有所建树?

✿人生天地之间,若白驹之过隙。

译文:人的一生就像白色的骏马越过缝隙那样迅速。

✿人生无根蒂,飘如陌生尘。

译文:人的一生就像无根的植物,就像路上的飞尘飘忽
不定。

✿人生由来不满百,安得朝夕事隐忧?

译文:人一辈子也活不过一百岁,怎么能一天到晚都沉溺于
烦恼之中呢?

✿人生由来不满百,安得朝夕事隐忧。

译文:人生本来不过百年,无须整日自寻烦恼。

✿人生直作百岁翁,亦是万古一瞬中。

译文:人生就算能活一百岁,在时间的长河中也不过是短暂

的一瞬间而已。

❀人事有代谢,往来成古今。

译文:世上的人与事都在不断地发展变化,旧事物不断地被
　　新事物代替,这样往来延续发展,就构成了从古到今
　　的历史。

❀人行犹可复,岁行那可追。

译文:人走过的路还可以再走,岁月流逝了怎么可能再追
　　回呢?

❀人以类聚,物以群分。

译文:人有不同的类,各以其类聚集在一起;物有不同的群,
　　各以其群分在一块。

❀人有不为也,而后可以有为。

译文:人只要不肯做坏事,具有这种修养之后才可以做
　　好事。

❀人有逆天之时,天无绝人之路。

译文:人做事有违背自然规律的时候,上天却不会断绝人的
　　生路。

❀人之短生,犹如石火,炯然以过。

译文:人的一生很短暂,就像火石撞击时发出的火花一样,
　　一闪而过。

❀人在阳时则舒,在阴时则惨。

译文:人在春夏万物萌生之季,心情就非常舒畅;在秋冬草
　　木凋零之时,心情就十分感伤。

❀仁以为己任,不亦重乎? 死而后已,不亦远乎?

译文:把实现仁道于天下作为自己的使命,担子不是很重
　　吗? 到死才停止,路途不是很遥远吗?

❀仁者见之谓之仁,知者见之谓之知。

译文:有仁德的人看见它说它符合仁的要求,聪明的人看见
　　它说它符合智的要求。

❀日月逝矣,时不我与。

译文:日子一天天逝去了,时间不等待我。

❀肉腐出虫,木枯生蠹。怠慢忘身,祸灾乃作。

译文:肉腐烂了就会长虫子,木头干枯了就会生蛀虫。一个
　　人懈怠懒散到了忘乎所以的时候,祸害就会发生。

❀若夫圣人,量服而食。

译文:至于说到有极高修养的人,他不是根据食物的好坏而
　　是根据身体的需要而取食。

❀若将世路比山路,世路更多千万盘。

译文:如果将人生之路与山路相比,人生之路将更为曲折。

❀塞翁失马,安知非福。

译文:边塞上的一个老头丢了一匹马,怎么知道这不是好事呢?

✿善言古者,必有验于今。

译文:善于总结古代经验教训的人,所谈的道理必定能经得起现实的检验。

✿少不勤苦,老必艰辛;少能服劳,老必安逸。

译文:年轻的时候不勤劳刻苦,年老之后日子一定很困难;年轻的时候能够吃苦耐劳,年老之后日子一定过得很安闲舒适。

✿少年安得长少年? 海波尚变为桑田。

译文:年轻人怎么能永远年轻呢? 沧海都可以变成桑田。

✿少年辛苦终身事,莫向光阴惰寸功。

译文:少年时代勤奋努力,是关系到一生成就的大事,不能在这大好的时光里有一丝一毫的懒惰。

✿少壮莫轻年,轻年有衰老。

译文:青春年少的时候不要虚度光阴,否则衰老就会很快来临。

✿少壮轻年月,迟暮惜光辉。

译文:年轻时不重视岁月的流逝,年老时却很珍惜光阴。

✿生,不可不惜,不可苟惜。

译文:生命,不可以不珍惜,也不能苟且偷生。

✿生无益于时,死无闻于后,是自弃也。

译文:活着的时候对社会没有益处,死了也不能流芳后世,这样的一生就是自暴自弃的一生,没有意义。

✿生有益于人,死不害于人。

译文:活着应该造福于人,死了也不要有损于别人。

✿圣人不贵尺之璧,而重寸之阴,时难得而易失也。

译文:圣人不以尺大的宝玉为贵,而看重一寸的光阴,因为时间难以得到却很容易失去。

✿圣人甚祸无故之利。

译文:圣人把不劳而获看做是严重的祸患。

✿圣人先忤而后合,众人先合而后忤。

译文:圣人是先提不同想法,然后再合作;而众人则是先合作再因分歧而分手。

✿盛年一过,实不可追。

译文:年富力强的好年华一旦过去,就再也追不回来了。

✿时不可及,日不可留。

译文:时间逝去了就无法追回,日子过去了就挽留不住。

✿食能以时,身必无灾。

译文:饮食能够有节制,身体必然不会有灾疾。

✿市之无虎明矣,然而三人言而成虎。

译文:街上没有老虎是非常明了的,但是三个人说街上有老虎,人们就信以为真了。

✿事父母,能竭其力。

译文:侍奉父母,应当竭尽全力。

✿事在是非,公无远近。

译文:只要是非清楚,为公事举荐人才,不必考虑与自己关系的亲疏远近。

✿逝者如斯夫,不舍昼夜。

译文:时间的流逝就像这河水,昼夜不停止。

✿谁道人生无再少? 门前流水尚能西。

译文:谁说人生不能再回到美好的少年时光呢? 门前的流水还能倒向西边流动呢。

✿谁言寸草心,报得三春晖。

译文:谁说悠悠青草的寸心,能够报答无限春光的照耀之恩呢?

✿丝染无复白,鬓白无重黑;努力爱青春,一失不再得。

译文:丝绸经过染色不可能再变白,鬓发斑白了不可能再变黑;一定要好好珍惜大好的青春,一旦失去了就永远也不能再得到。

❀死而不亡者寿。

译文：死了以后不被人遗忘，才是真正的长寿。

❀四体不勤，五谷不分。

译文：四肢不劳动就分不清楚五谷杂粮。

❀速成不坚牢，亟走多颠踬。

译文：成功得太快不会持久，走得太急往往会摔倒。

❀虽贫眼下无妨乐，纵病心中不与愁。

译文：即使贫困也不妨碍眼前的欢乐，纵然生病了心中也不
　　　愁闷。

❀虽笑未必和，虽哭未必戚。面结口头交，肚里生荆棘。

译文：虽然在笑，但内心却不一定舒畅；虽然在哭，但内心不
　　　一定悲伤。表面友好口头甜蜜地结交朋友，肚子里却
　　　尽是险恶。

❀岁月如流水，须臾作老翁。

译文：时光就像日夜奔流不息的江水一去不回，转眼之间人
　　　就变老了。

❀所食愈少，心愈关，年愈益；所食愈多，心愈塞，年愈损。

译文：吃得越少，心胃的负担越轻，人的寿命会越长；吃得越
　　　多，心胃的负担越重，人的寿命会越短。

❀太上有立德，其次有立功，其次有立言。

译文:人生最高的追求是树立品德典范,其次是建立功勋,
　　　再其次是著书立说。

✿贪痴无底蛇吞象,祸福难明螳捕蝉。

译文:贪心狂妄,没有止境,就像蛇想要把大象吞下去一样;
　　　人的祸福难以猜测,就像螳螂捕蝉,而黄雀在后欲啄
　　　螳螂一样。

✿天地之性,人为贵。

译文:天地万物中,人是最宝贵的。

✿天生万物,唯人为贵。

译文:在天地生存的万物之中,只有人类是最宝贵的。

✿天下熙熙,皆为利来;天下攘攘,皆为利往。

译文:天下的人天天忙忙碌碌地奔波,都是为了追求利益。

✿天下之乐无穷,而以适意为悦。

译文:世上的乐趣没有穷尽,只要心里满足就应高兴快乐。

✿天下之难事,必作于易;天下之大事,必作于细。

译文:天下难办的事情,必定是从容易的事情做起来的;天
　　　下的大事业,必定是从细微的事情做起来的。

✿天有不测风云,人有旦夕祸福。

译文:天气变化无常,有无法预测的风云变幻,人生也是如
　　　此,也会有旦夕之间突然降临的灾难和幸运。

✽听言必审其本,观事必校其实,观行必考其迹。

译文:听他说话一定要审察其本质,看他做事一定要检验其实效,看他行为一定要考验其结果。

✽投之亡地然后存,陷之死地然后生。

译文:到了能使自己灭亡的地方,然后能够得到生存;陷入必死的境地,然后能够得到生路。

✽万化相寻绎,人生岂不劳。

译文:万物变化都循环往复的,只有人生一直向前没有归途,这怎么能让人不忧愁呢?

✽万事不如身手好,一生须惜少年时。

译文:人生在世什么都不如有一个好身手,青少年是人的一生中最应该珍惜的时期。

✽万事难并欢,达生幸可托。

译文:人生遇到的各种事很难都是快乐的,只有善于养生的人才能幸福地生活在这个世界上。

✽往事既已谬,来者犹可追。

译文:过去的事既然已经错了而无法挽回,未来还可以赶得上。

✽闻而不审,不若无闻。

译文:听到的事情如果不详细分析、考察,还不如什么话也没有听到。

✿巫峡之水能覆舟,若比人心是安流。

　　译文:巫峡的水能够把船打翻,但是如果和人心比起来,这
　　　　还算是安稳的水流呢。

✿诬善之人其辞游,失其守者其词屈。

　　译文:诬陷忠良的人说话总是闪烁游移,丧失操守的人说话
　　　　总是不能理直气壮。

✿无平不陂,无往不复。

　　译文:万物不是只有平的而没有不平的,没有只去而不复
　　　　返的。

✿无稽之言勿听,弗询之谋勿庸。

　　译文:没有经过考核的话不要听信,没有经过征询的谋略不
　　　　要使用。

✿无冥冥之志者,无昭昭之明;无惛惛之事者,无赫赫之功。

　　译文:不能专心致志、刻苦钻研的人,在学习上就不会有明
　　　　显的进步;不能默默无闻、埋头苦干的人,在事业上就
　　　　不能取得巨大的成就。

✿无药可延卿相寿,有钱难买子孙贤。

　　译文:没有良药可以延长达官贵人的性命,即使有钱也买不
　　　　来子孙有良好的德行和才能。

✿无意怀人偏入梦,有心看月未当圆。

译文:无意怀念的人偏偏进入梦中,有心去赏看明月却偏偏
　　　　不圆。

✿无翼而飞者声也,无根而固者情也。

译文:没有翅膀但能飞走的是声音,没有根但能牢固的是
　　　　友情。

✿勿烦勿乱,和乃自成。

译文:内心不要烦乱,自然就会和谐。

✿勿谓寸阴短,既过难再获。

译文:不要说一寸光阴短暂,过去了就难以再挽回。

✿勿以有限身,常供无尽愁。

译文:不要把有限的生命消耗在无尽的忧愁烦恼中。

✿物盛而衰,乐极则悲。

译文:事物盛极就会衰败,乐极就会转变为悲伤。

✿物之有成必有坏,譬如人之有生必有死,而国之有兴必有
　亡也。

译文:天下万事万物有成熟的时候就必然有衰败的时候,这
　　　　正如人有活着的时候必然有死亡的时候,也像国家有
　　　　兴盛的时候就必然有灭亡的时候一样。

✿昔时人已没,今日水犹寒。

译文:从前的人都已经不在了,今日的江水却依旧寒冷。

✿喜极至无言,笑余翻不悦。

译文:高兴之极反倒无话可说,欢笑过度会转变为不悦。

✿喜为异说而不让,敢为高理而不顾。

译文:喜欢提出离经叛道的学说,在论辩中从不肯退让;敢
　　　于陈述与众不同的言论,而对于个人的处境无所
　　　顾忌。

✿夏日长抱饥,寒夜无被眠。

译文:家境十分贫寒,以至于夏天终日饥饿,冬夜没有被褥
　　　御寒。

✿贤愚在心,不在贵贱。

译文:是贤是愚取决于人的思想,不在于人的富贵与贫贱。

✿相逢头白莫惆怅,世上无人长少年。

译文:重逢时发现彼此的头发都白了也不要伤感失意,世上
　　　没有人能够永远年轻。

✿相马失之瘦,相士失之贫。

译文:观察一匹马,往往因为它表面上瘦弱而错认为是一匹
　　　劣马;评价一个人,往往因为他贫穷或没有地位而错
　　　误地认为不可取。

✿相形不如论心,论心不如择术。

译文:观察一个人的外表不如了解他的内心,了解其内心不
如看其实际表现。

✿小惑易方,大惑易性。

译文:小的迷惑只是分不清东西南北的方向,大的迷惑则会
错乱本性。

✿小人有恶中之善,君子有善中之恶。

译文:没有才德的人一般而言很坏,但坏中也有好的一面;
德行高尚的人一般而言很好,但好中也有不好的
一面。

✿邪人必微,邪谋必阴。阴则难明,微则易信。

译文:奸邪的人必定表现乖巧,奸邪的计谋必定很隐蔽。隐
蔽就难以被发觉,乖巧就容易被信任。

✿心可逸,形不可不劳。

译文:心可以让它安闲,但身体不可以安闲下来。

✿心如止水鉴常明,见尽人间万物情。

译文:心静如水就会像永远明亮的镜子,看清人世间万事万
物的情状。

✿兄弟阋于墙,外御其务。

译文:弟兄间在家里可以互相争吵,但若有外部敌人来欺负
就会团结起来共同抵抗。

❋言不苟出,行不苟为;择善而后从事。

译文:话不要随便说出口,事不可任意而为;要选择有益的
言行,在此之后才可以行动。

❋言多令事败,器漏苦不密。

译文:闲话说多了可以使事情真相败露,器物漏水了那是因
为它本来就不严密。

❋言之成理,持之有故。

译文:谈论一个问题要说得出道理,坚持一个观点要有可靠
的根据。

❋一寸光阴一寸金,寸金难买寸光阴。

译文:一寸光阴就像一寸金子那么宝贵,但用一寸金子却买
不回一寸光阴。

❋一灯能除千年暗,一智能灭万年愚。

译文:有一盏灯能够驱除千年的黑暗,有一种智慧可以消除
万年的愚昧。

❋一蜂至微,亦能游观乎天地;一虾至微,亦能放肆于大海。

译文:一只蜜蜂那么微小,也能够在天地之间飞来飞去,自
由自在;一只虾那么微小,也能够在大海中游来游去,
无拘无束。

❋一年之计在于春,一日之计在于晨。

译文:春天就应该做好一年的规划,早晨就应该做好一天的
　　计划。

✽一生复能几,倏如流电惊。

译文:人的一生又能有多长久? 快得就像流电一样一闪
　　而过。

✽一死一生,乃知交情;一贫一富,乃知交态;一贵一贱,交情
　乃见。

译文:生死时刻,才知道交情的深浅;贫富之间,才知道交情
　　的变化;贵贱变化才能显现出交情的真假。

✽已往者不可复,见在者不可失。

译文:已经过去的岁月再也追不回来了,现在的时光不能再
　　失去。

✽以财交者,财尽而交绝;以色交者,华落而爱渝。

译文:以钱财交朋友,钱财用尽交情就断绝了;以美色交朋
　　友,容貌褪去爱情就不存在了。

✽以财为草,以身为宝。

译文:应该把钱财看得像野草一样贱,而把身体看作宝物一
　　样贵重。

✽以道制欲,则乐而不乱;以欲忘道,则惑而不乐。

译文:用道德来控制私欲,就快乐而不会淫乱;只顾满足私

欲而忘却道德,就会受迷惑而不会快乐。

✿以欲从人则可,以人从欲鲜济。

译文:使自己的欲望服从别人是可以的,使别人服从自己的
欲望是很少成功的。

✿艺不少习过时悔。

译文:少年时如果不学习技艺、知识,以后是会后悔的。

✿因风吹火,用力不多。

译文:顺着形势办事,省力而容易成功。

✿饮食不节,杀人倾刻。

译文:饮食不加以节制,终将使人在顷刻之间死去。

✿忧伤能伤人,绿鬓变霜鬓。

译文:忧愁能够损伤人的身体,使人变老,使黑发变成白发。

✿有疾固足惧,无疾未足愉。

译文:有了疾病固然足以使人戒惧,没有疾病也不能终日
高兴。

✿谀言顺意而易悦,直言逆耳而触怒。

译文:奉承的话,听了不但顺心而且容易讨人喜欢;正直的
话,听了不但刺耳而且还容易惹人恼怒。

✿愚者暗于成事,智者见于未萌。

译文:愚蠢的人对于已经成了的事实还昏昧不明,聪明的人

则在事情还没有萌发的时候就已有所觉察了。

✽与其有乐于身,孰若无忧于心。

译文:与其有欢乐于自身,还不如心中没有忧虑。

✽雨中黄叶树,灯下白头人。

译文:秋雨中树叶已枯黄,青灯下人已衰老。

✽猿身催白发,长短尽成丝。

译文:猿声催促人老去,青丝都变成了白发。

✽蚤作而夜思,勤力而劳心。

译文:每日很早就起身劳作,干了一天工作,夜里还要对自己白天的行为进行一番回想,整天劳心劳力难得休息。

✽丈夫贵壮健,惨戚非朱颜。

译文:大丈夫最可贵的是身体健壮,悲苦忧伤不是年轻人的形象。

✽朝露贪名利,夕阳忧子孙。

译文:年轻时贪图名利,年老时担忧子孙。

✽知人者智,自知者明。

译文:能了解别人的人最智慧,能了解自己的人最聪明。

✽知人者以目正耳,不知人者以耳败目。

译文:能识别人的人,用亲自目睹去纠正传闻的谬误;而不会识别人的人,则根据传闻去否定观察的结果。

✿知识明者君子,才巧胜者小人。

译文:懂大体、识大理的人是君子,而善于耍小聪明的人是
小人。

✿知天而不泥于神怪,知人而不遗于委琐。

译文:了解天就不能拘泥于神怪,了解人就不能遗漏地位低
下的人。

✿知畏惧,成人;知羞耻,成人;知艰难,成人。

译文:懂得做事谨慎,是一个合格的人;知道羞耻,是一个合
格的人;懂得成就事业的艰难,是一个合格的人。

✿知贤之谓明,辅贤之谓能。

译文:能识别贤人就叫聪明,能辅助贤人就叫有才能。

✿知足者,贫贱亦乐;不知足者,富贵亦忧。

译文:懂得知足的人,即使是身处贫穷低下的境遇中也会感
到快乐;不知足的人,物质生活再富裕也常常心怀
忧虑。

✿志士惜年,贤人惜日,圣人惜时。

译文:有志向的人珍惜每一年的时间,贤达的人珍惜每一天
的时间,圣明的人珍惜每小时的时间。

✿鸷鸟之不群兮,自前世而固然。

译文：雄鹰不和燕雀同群，自古以来就是这样。

✿众心成城，众口铄金。

译文：万众一心就会变成坚固的城堡，众口一词就会熔化坚硬的金属。

✿琢磨贵分阴，岁月若飙驰。

译文：做学问贵在抓紧每一分光阴，就像雕刻和打磨玉石一样，因为时光的流逝如同狂风，稍有懈怠就飞驰而过。

✿自暴者，不可与有言也；自弃者，不可与有为也。

译文：自己残害自己的人不可以与之交谈，自己抛弃自己的人不可以与之共事。

✿自古所以治少而乱多，盖由君子小人之不辨也。

译文：自古以来，之所以和平的时候少而战乱的时候多，都是因为不能辨别君子和小人的缘故。

✿自静其心延寿命，无求于物长精神。

译文：平静内心就可延长寿命，不贪求物质则精力旺盛。

✿自知者不怨人，知命者不怨天；怨人者穷，怨天者无志。

译文：有自知之明的人不抱怨别人，知道天命的人不抱怨天；抱怨别人的人没有出路，抱怨天的人没有志气。

✿昨日之日不可追，今日之日须臾期。

译文：昨天过去了就不可能再追回，今天的日子也是片刻就过去。

理想篇

❈不是山却需要攀登的,是人生;不是渊却需要跨越的,是自己。

❈不懈奋斗,生命才有辉煌;努力学习,思想才有灵光。

❈不要等每一盏灯都熄灭,才期盼光明;不要等折断了翅膀,才怀念广阔的蓝天。

❈激情是鼓满船帆的风。风有时会把船帆吹断;但没有风,帆船就不能航行。

❈坚定一个信念,成功就在眼前。

❈礁石因为信念坚定,所以能激起美丽的浪花;青春由于追求崇高,因此才格外绚丽多彩。

❈理想是一面旗帜,信念是一枚火炬。

❈没有志向的人,就好比没有动力的船,只能随波逐流。

❈人生是个圆,有的人走了一辈子也没有走出命运画出的圆圈,他就是不知道,圆上的每一个点都有一条腾飞的切线。

❈人生为一大事来,做一大事去。

❈曙光在头上,不抬起头,便永远只能看见物质的闪光。

❈天空的蔚蓝是你对未来的追求,大海的茫茫是你对未来的向往；只要坚持不懈地奋斗，你终将创造美好的明天。

✽信念值多少钱？信念是不值钱的，它有时甚至只是一个善意的欺骗。然而，你一旦坚持下去，它就会迅速升值。

✽野草遮不住太阳的光芒，困难挡不住勇敢者的脚步。

✽一个精神生活很充实的人，一定是一个很有理想的人，一定是一个很高尚的人，一定是一个只做物质的主人而不做物质的奴隶的人。

✽有存在，便有希望；有希望，便是光明。

✽有志者立长志，无志者常立志。

✽用理想作纸，用勤奋作笔，抒写壮丽的青春。

✽在实现理想的路途中，必须排除一切干扰，特别是要看清那些美丽的诱惑。

✽哀莫大于心死，而人死亦次之。

译文：世间最大的悲哀莫过于心灰意冷，意志消沉，丧失了进取心，身体的死亡也不及它严重。

✽安得倚天剑，跨海斩长鲸。

译文：怎样才能得到倚天长剑，跨海去斩杀长鲸？

✽百舍重趼而不敢息。

译文：走了很远很远的道路，脚底磨出了一层层的硬茧，还是不敢停下来休息。

✿保天下者,匹夫之贱,与有责焉耳。

译文:保卫国家,即使是匹夫这样的卑微之人,也有义不容辞的责任。

✿必有天下之大志,而后立天下之大事。

译文:一定要先有胸怀天下的大志向,然后才能成就大事业。

✿播种有不收者矣,而稼穑不可废;仁义有遇祸者矣,而行业不可惰。

译文:播下了种子有不收获的时候,但是不能因此就废弃农业劳动;仁德和正义有遇到挫折的时候,但不能因此就放弃追求真理的伟大事业。

✿不安于小成,然后足成大器;不诱于小利,然后可以立远功。

译文:不满足于小成绩,才能成大器;不被眼前的小利所迷惑,才能够建立远大的功业。

✿不得志,独行其道。

译文:失意之时,也要独自实践自己追求的理想。

✿不飞则已,一飞冲天;不鸣则已,一鸣惊人。

译文:大鹏鸟不飞则罢,一飞起来就直冲云霄;大鹏鸟不鸣则罢,一声鸣叫就使人震惊。

✿不汲汲于富贵,不戚戚于贫贱。

译文:不急切地追求富贵,不因为生活贫困和地位低微而感
　　　到忧愁。

✿不嫌屋漏无干处,正要群龙洗甲兵。

译文:不嫌弃因房屋漏雨而没有一处干的地方,只希望英雄
　　　们出来消灭敌人。

✿不须浪饮丁都护,世上英雄本无主。

译文:不要在哀伤的乐曲声中痛饮不已,英雄从来都不是特
　　　定的某个人。

✿不以隐约而弗务,不以康乐而加思。

译文:不因处境恶劣而放弃自己的事业,也不因处境优越而
　　　改变自己的理想。

✿财贿不以动其心,爵禄不以移其志。

译文:金银财物不能动摇他的心神,爵位俸禄不能改变他的
　　　志向。

✿长风破浪会有时,直挂云帆济沧海。

译文:乘长风破万里浪的那一天会来到的,到那时我就要鼓
　　　起风帆横渡沧海。

✿成败利钝不计较,但持铁血报祖国。

译文:是成功还是失败,是顺利还是曲折,这些我都不放在

心里;我唯一的想法就是,用自己手中的武器和满腔热血,去报答祖国。

✿处逸乐而欲不放,居贫苦而志不倦。

译文:身处安逸欢乐之境也不放纵欲望,在贫困苦难之时也不松懈志向。

✿大鹏一日同风起,扶摇直上九万里。

译文:大鹏鸟随风而起,一日盘旋上升九万里。

✿大丈夫处世,当扫除天下,安事一室乎。

译文:大丈夫当以安定天下作为自己的志向,怎么能局限在一个小屋子里呢?

✿丹可磨而不可夺其色,兰可燔而不可灭其馨,玉可碎而不可改其白,金可销而不可易其刚。

译文:丹砂可以磨碎,却不能磨去它的赤色;兰花可以焚烧,却不能泯灭它的芳香;美玉可以击碎,却不能改变它的洁白;金子可以熔化,却不能改变它的刚坚。

✿道不行,乘桴浮于海。

译文:如果理想无法实现,我就乘木筏漂到海上。

✿得志,泽加于民;不得志,修身见于世。

译文:有机会施展自己的抱负,就为百姓谋福利;没有机会施展自己的抱负,就修养自己的心性。

✿的必先立,然后挟弓注矢以从之。

译文:一定要先把箭靶树起来,然后才能拉弓看箭瞄准箭靶
射击。

✿登东山而小鲁,登泰山而小天下。

译文:孔子登上东山就觉得鲁国变小了,登上泰山就觉得天
下变小了。

✿登山不以艰险而止,则必臻于峻岭。

译文:攀登高山,不会因艰险而止步不前,那就一定能登上
顶峰。

✿非淡泊无以明志,非宁静无以致远。

译文:不清心寡欲就不能使自己的志向明确、坚定,不安定
清静就不能为实现远大理想而长期刻苦学习。

✿非学无以广才,非志无以成学。

译文:不好好学习,就无法增长和扩展自己的才能;而不确
立远大的志向,学业也就无法获得成功。

✿富贵不傲物,贫穷不易行。

译文:富贵时不傲慢,贫穷时不改变志向。

✿富贵不能淫,贫贱不能移,威武不能屈。

译文:富贵不能使心志迷乱,贫贱不能使节操改变,武力不
能使人格屈服。

享用一生的中·华·格·言

✻感时思报国，拔剑起蒿莱。

译文：因感到时事动乱，所以想要立志报效国家，从民间拔剑而起。

✻高怀无近趣，清抱多远闻。

译文：怀有远大志向的人不会对眼前利益感兴趣，襟怀高洁的人自会声名远扬。

✻各备愚公之愿，即可移山；共怀精卫之心，不难填海。

译文：如果每个人都有愚公那样的愿望，那就可以移动整座山了；如果大家都有精卫那样的心愿，那就可以填平整个海洋了。

✻功不十倍，不可以果志；力不兼两，不可以角敌。

译文：没有下十倍的功夫，就不可能实现自己的志向；不具备同时对付两个人的力气，就不能与对手较量。

✻功崇惟志，业广惟勤；惟克果断，乃罔后艰。

译文：建树功业必须有伟大的志向，创立业绩必须要靠不懈的努力；处理事情必须果断，这样才能免除后患。

✻苟怀四方志，所在可游盘。

译文：如果志在四方，那么任何地方都可以游乐。

✻古之立大事者，不惟有超世之才，亦必有坚忍不拔之志。

译文：古代能够成就大事业的人，不仅仅因为他们有非凡的才能,还因为他们具有坚忍不拔的意志。

✿海阔从鱼跃,天高任鸟飞。

译文:宽阔的大海任鱼儿跳跃,高高的天空任鸟儿飞翔。

✿花落但余心向日,剑埋终有气干霄。

译文:花儿凋落,只剩下一颗向阳的心;宝剑沉埋,终究还保
留着冲天豪气。

✿虎豹之驹未成文,而有食牛之气;鸿鹄之鷇羽翼未全,而有
四海之心。

译文:虎豹的幼兽还没长花纹,就有吃牛的志气;鸿鹄的雏
鸟羽翼未丰,就有飞越四海的心志。

✿会当凌绝顶,一览众山小。

译文:定要登上泰山的顶峰往下看,(那时定会觉得)别的山
都显得很小。

✿跬步不休,跛鳖千里;累积不辍,可成丘阜。

译文:半步半步不停地前进,即使是跛脚的甲鱼也可以行走
千里;堆积土石而不停止,就可最终堆积成小山。

✿寄言燕雀莫相啍,自有云霄万里高。

译文:奉劝燕雀不要相互吵闹,且看那天际还在万里高空
之上。

✿将相本无种,男儿当自强。

译文:能成就大事业的人,本来并不是天生的,大丈夫应当
　　　自我勉励,奋斗不息。

❀惊蝉也解求高树,旅雁还应厌后行。

译文:惊蝉也知道要飞向更高的树枝,旅途中的大雁谁都不
　　　愿意落在后面。

❀居不隐者思不远,身不佚者志不广。

译文:不隐居的人,思维不会深邃;没有遭受过遗弃的人,志
　　　向不会广大。

❀俱怀逸兴壮思飞,欲上青天揽明月。

译文:共同怀有超脱豪迈的兴致和壮志,想上那青天去揽取
　　　明月。

❀蹶足之马,尚想造途;失晨之鸡,犹思改旦。

译文:已经倒地的马,还想踏上旅途;早上不能啼叫的鸡,还
　　　想换一天早上再试试。

❀君子不恤年之将衰,而忧志之有倦。

译文:君子不担忧自己将要年老体衰,而担忧自己的志向
　　　衰退。

❀老当益壮,宁移白首之心? 穷且益坚,不坠青云之志。

译文:年纪大了,志气应当更加豪迈,怎么能因头发白了而
　　　改变雄心壮志呢? 身处困境之中,意志反而更加坚

定,决不放弃自己远大的志向。

✿老骥思千里,饥鹰待一呼。

译文:千里马虽老,壮志犹存,仍欲驰骋千里;饥饿的苍鹰时
刻准备着,只待一声呼唤,就会搏击长空,冲向猎物。

✿老冉冉其将至兮,恐修名之不立。

译文:老年渐渐地来到了,唯恐没有博得高洁的名声。

✿立志者,为学之心也;为学者,立志之事也。

译文:确立志向是治学的根本,学习是立志后要做的事情。

✿立志在坚不在锐,成功在久不在速。

译文:树立志向一定要坚定而不要匆忙;事情的成功在于能
持之以恒,而不在一时的冲动。

✿良骥不好枥,美玉不恋山。

译文:骏马不贪恋马厩,美玉不贪恋高山。

✿临难不顾生,身死魂飞扬。

译文:面临危难不顾惜生命,即使死了,魂魄依旧在人世间
飞扬。

✿猛志逸四海,骞翮思远翥。

译文:胸怀宏伟大志要超越四海,时刻盼望着能振翅高飞,
施展自己的才能。

✿莫道弦歌愁远谪,青山明月不曾空。

译文：不要因为贬官远方而愁苦,青山明月处处都有。

❀莫为一身之谋,而为天下之志。

译文：不要只为自己一个人打算,而是要树立为了天下人的远大志向。

❀磨剑莫磨锥,磨锥成小利。

译文：磨砺宝剑,不要打磨锥子,打磨锥子只能得到很小的功用。

❀男儿无英标,焉用读书博。

译文：男子汉没有远大的理想,读那么多书有什么用呢?

❀男子千年志,吾生未有涯。

译文：男儿要有远大的志向,我的生命并没有到尽头。

❀鸟兽不厌高,鱼鳖不厌深。

译文：鸟兽不满足高处,鱼鳖不满足水深。

❀宁与骐骥亢轭乎?将随驽马之迹乎?宁与黄鹄比翼乎?将与鸡鹜争食乎?

译文：是宁愿与骏马匹敌,还是随劣马出行?是宁愿与天鹅比高,还是与鸡鸭争食?

❀宁与燕雀翔,不随黄鹄飞。

译文：宁愿和低飞的燕雀在一起,也不愿意追随高高在上的天鹅。

✽贫不足羞,可羞是贫而无志。

译文:贫穷并不值得感到羞耻,应该感到羞耻的是贫穷却又没有志向。

✽其就义若渴者,其去义若热。

译文:奔赴仁义如同饥渴般着急的人,他背离道义也会像避热一样的迅速。

✽骐骥不能与罢驴为驷,凤凰不与燕雀为群。

译文:千里马不屑和疲惫的驴子同驾一辆车,凤凰不能同燕子麻雀为伍。

✽骐骥一跃,不能十步;驽马十驾,功在不舍。

译文:即使是最好的骏马,一跳也不能超过十步;笨马虽然能力低下,十日的行程也很可观,成功的原因在于它不懈的努力。

✽骐骥者,其志常在千里也,夫岂以一饱而废其志哉。

译文:千里马的志向在于驰骋千里,怎么能为求一顿饱饭而放弃远大的志向呢?

✽弃燕雀之小志,慕鸿鹄以高翔。

译文:放弃像燕雀这样在天空低飞的小志向,而仰慕天鹅在高空中飞翔的远大目标。

✽器大者声必宏,志高者意必远。

译文:乐器大的声音一定洪亮,志向高的人思虑必然高远。

❀锲而舍之,朽木不折;锲而不舍,金石可镂。

译文:用刀雕刻的时候,如果中途停止,即使是朽木也不能折断;如果始终不停地刻下去,即使是金石,也可以雕刻成功。

❀千年成败俱尘土,消得人间说丈夫。

译文:历史上的成功与失败全都像尘土一样微不足道,只希望能做真正的人,留得英名在人间。

❀浅不足以测深,愚不足与谋知,坎井之蛙不可与语东海之乐。

译文:短的东西不能用来测量深水,蠢人不能参与智谋活动,不能跟废井里的青蛙谈论东海的乐趣。

❀且长凌飞翮,乘春自有期。

译文:将要乘有限期的春风展开翅膀凌空翱翔。

❀清浊必异源,枭凤不并翔。

译文:清水和浊水的源头必然不同,野鸭和凤凰也不会一起飞翔。

❀蚯蚓霸一穴,神龙行九天。

译文:蚯蚓独占区区一穴之地就心满意足,而神龙却志在九天凌空翱翔。

144

✿求田问舍,前贤所鄙。

译文:只知道购置田产房产,这是前代贤人所看不起的。

✿人生岂草木,寒暑移此心。

译文:人怎能像草木那样,随着寒暑变化而改变心志呢?

✿人惟患无志,有志无有不成者。

译文:人最担心的是胸无大志,胸有大志,就没有成就不了的事业。

✿人无善志,虽勇必伤。

译文:人没有好的志向,即使勇敢,也一定会受到伤害。

✿少年负壮气,奋烈自有时。

译文:少年人如果胸怀远大的志向,一定会有所成就。

✿少年心事当拿云,谁念幽寒坐呜呃。

译文:年轻人应当志存高远,有凌云之志,不要因为一时的挫折而悲伤叹息。

✿身既死兮神以灵,魂魄毅兮为鬼雄。

译文:身躯虽然倒下了,但精神没有泯灭;灵魂威武刚毅,堪称鬼中英雄。

✿生而为英,死而为灵。

译文:活着要做英雄,死了要做神灵。

✿生为百夫雄,死为壮士规。

译文:活着要做男儿中的英雄,死了也要成为壮士效法的
楷模。

✿士不可以不弘毅,任重而道远。

译文:读书人不可以不刚强坚毅,因为他们责任重大而路程
遥远。

✿士而怀居,不足以为士。

译文:读书人如果贪恋安居的生活,就不配作读书人了。

✿士固有大意,秋毫岂能干。

译文:志士原本就怀有远大的志向,一点小的挫折怎能影响
他呢?

✿士之所以能立天下之事者,以其有志而已。

译文:一个人之所以能够承担重任,是因为他立志高远。

✿士志于道,而耻恶衣恶食者,未足与议也。

译文:一个人有志于追求真理,但却对穿不好、吃不好感到
羞耻,这样的人不能够和他商议大事。

✿誓麾白羽扇,一扫天日翳。

译文:发誓要挥舞起白羽扇,一举把天空中的污浊气体扫除
干净。

✿水可干而不可夺湿,火可灭而不可夺热,金可柔而不可夺
重,石可破而不可夺坚。

译文：水可以使之干枯，却不能夺去其湿润的本性；火可以使之熄灭，却不能改变它发热的性能；金可以使之软化，却不能夺走它的重量；石可以使之破碎，却不能变易它的坚硬。

❀思齐则成，志齐则盈。

译文：思想端正就能成功，志向端正就能有进步。

❀太阿之剑，犀角不足齿其锋；高山之松，霜霰不能渝其操。

译文：再坚硬的犀角，也不能锉损太阿宝剑无坚不摧的锋刃；再寒冷的霜雪，也不能改变高山上的青松傲雪凌霜的节操。

❀贪夫徇财，烈士徇名。

译文：贪婪的人为了得到财富而丢掉性命，刚烈的人为了保全名节而牺牲生命。

❀天下事有难易乎？为之，则难者亦易矣；不为，则易者亦难矣。

译文：天下事有困难和容易之分吗？去做了，那么困难的事也变得容易；不去做，那么容易的事也会变得困难。

❀倘留心不死，嘘拂待春工。

译文：(树木)只要心不死，等到春天来临就会返青复活。

❀吞舟之鱼，不游枝流；鸿鹄高飞，不集污池。

中小学生必备的语言宝典丛书

译文：能吞下船的大鱼不会在小的支流中游；高飞的天鹅不会集聚在污秽的小池塘里。

✿王侯无种英雄志，燕雀喧喧安得知？

译文：王侯英雄抱有天生的宏伟志向，闹闹嚷嚷的小麻雀怎能知晓呢？

✿往者不可复兮，冀来今之可望。

译文：过去的已经不可能重来了，今后的事还可以设想。

✿惟日孜孜，无敢逸豫。

译文：每天勤奋不息，不敢贪图安逸。

✿为天地立心，为生民立命。

译文：为了天地万物的成长树立雄心，为老百姓的安身立命树立壮志。

✿闻道有蚤莫，行道有难易，然能自强不息，则其至一也。

译文：接受道理有前有后，实践道理有难有易，然而能自己努力向上，永不松懈，那么在必能成功上是一样的。

✿物情大忌不量力，立志亦复嘉专精。

译文：人情事理最忌讳的是不自量力，确立志向也应该以专一为嘉。

✿小人殉财，君子殉名。

译文：小人为了财而丢掉性命，君子为了名节而牺牲生命。

❀心不清则无以见道,志不确则无以立功。

译文:思想不纯净就不能发现事理,志向不坚定就不能建立功业。

❀心如铁石,气若风云。

译文:心如铁石一样坚贞,气节像风云一样高洁。

❀心随朗月高,志与秋霜洁。

译文:心气随着明月高升,志向与秋霜一样洁白。

❀焉作堂上燕,衔泥附炎热。

译文:怎么能像衔泥在人家的房梁上做窝的燕子那样趋炎附势仰人鼻息呢?

❀燕安溺人,甚于洪波。身溺可济,心溺奈何。

译文:安逸的生活淹没一个人,比大水淹没一个人要厉害多了。身体没于水中还可以救助他,要是心灵淹没堕落了就没有办法了。

❀燕雀安知鸿鹄之志哉。

译文:只在地面上低飞的燕子和麻雀,怎么会懂得大雁和天鹅的凌云壮志呢?

❀养气要使完,处身要使端。

译文:培养节操要做到尽善尽美,立身处世要做到端正无邪。

❀业广因功苦,拳拳志士心。

译文:学业广博是因为下了苦工夫,再加上一颗忠诚不变、
　　　志向远大的雄心。

❀一腔热血勤珍重,洒去犹能化碧涛。

译文:珍重自己的满腔热血,即使牺牲了,也要化作万丈碧
　　　涛去淹没敌人。

❀益重青青志,风霜恒不渝。

译文:坚定旺盛的志向,即使在逆境中也永不改变。

❀以萤烛末光增辉日月。

译文:用萤火虫、蜡烛的微光为日月增辉。

❀亦余心之所善兮,虽九死其犹未悔。

译文:只要我认为是正确的,即使为它死很多次也不会
　　　后悔。

❀有心雄泰华,无意巧玲珑。

译文:志向要比泰山、华山还要雄伟刚正,而不要奸巧圆滑,
　　　八面玲珑。

❀有志不在年高,无志空长百岁。

译文:有志气的人不在于是不是年纪大,没有志气的人就算
　　　活一百岁也是白活。

❀有志者,事竟成。

译文:有志向的人终究能够成就自己的事业。

❀欲穷千里目,更上一层楼。

译文:要想看到千里那么远,就需要登上更高的一层楼。

❀渊清有遐略,高躅无近蹊。

译文:水源清澈必定源远流长,高尚的人必有远大的志向。

❀远路不须愁日暮,老年终自望河清。

译文:路途遥远,也无须为天色将黑而忧愁;老年人终日满
　　　怀信心地盼望着看到黄河水清的那一天。

❀愿保金石志,无令有夺移。

译文:希望保持金石一样的志向,不使它有任何动摇。

❀凿井当及泉,张帆当济川。

译文:打井就应当打到泉眼,扬帆驾舟就应当渡过河川。

❀跕余身而危死兮,览余初期犹未悔。

译文:尽管身临险境有生死危机,回顾我的初衷并不后悔。

❀张良未逐赤松去,桥边黄石知我心。

译文:张良没有追随赤松子去学仙,桥边的黄石公老人知道
　　　我的雄心壮志。

❀丈夫不合自穷愁,藜藿先须天下忧。

译文:大丈夫不应当为自己的穷困而发愁,即使吃着粗劣的
　　　饭菜也应当首先为天下的穷苦百姓而忧虑。

✿丈夫皆有志,会见立功勋。

译文:男子汉都很有志气,必将看到自己建功立业。

✿丈夫生世会几时,安能蹀躞垂双翼?

译文:大丈夫在世上能有多少时间,怎能像垂着翅膀小步行
走的小鸟一样呢?

✿丈夫为志,穷当益坚,老当益壮。

译文:大丈夫立志,越是在穷困的时候,就越是坚定不移;越
到老年,志气越盛。

✿丈夫志不大,何以佐乾坤?

译文:男子汉志向不宏大,凭什么去辅佐天下呢?

✿朝闻道,夕死可矣。

译文:一个人如果早上知道了道的意义,即使晚上死去都
可以。

✿朝与仁义生,夕死复何求。

译文:早晨活着的时候能够懂得仁义,即使晚上死了也不会
再有什么可求的。

✿泽雉十步一啄,百步一饮,不蕲蓄乎樊中。

译文:野鸡走十步才能啄到一口食,走百步才能喝一口水,
但尽管如此,它也并不祈求把自己养在笼子里。

✿志不笃者,不能力行。

译文:志向不坚定的人,不能够很努力地做事。

❀志不立,如无舵之舟,无衔之马,漂荡奔逸,终亦何所底乎。

译文:不树立志向,就好像没有舵的船,没有嚼子的马,飘荡
而不受拘束,四处奔跑,不知道最终要到什么地方。

❀志不强者智不达,言不信者行不果。

译文:志向不坚定的人,他的智慧就得不到充分的发挥;不
守信用的人,做事就不会决断。

❀志不求易,事不避难。

译文:立志不贪求容易实现的目标,做事不回避危难。

❀志不真则心不热,心不热则功不紧。

译文:志向不纯真,内心就不热切;内心不热切,做事就没有
紧迫感。

❀志当存高远。

译文:树立志向应当崇高远大。

❀志道者不以否滞而改图,守正者不以莫赏而苟合。

译文:有志于做大事业的人不会因为受到挫折就放弃,坚持
正义的人不会因为没有受到奖赏就与坏人同流合污。

❀志士不忘在沟壑,勇士不忘丧其元。

译文:有坚定意志和节操的人不忘记战士应该抛尸山沟,有
力气和胆量的人不忘记英勇作战要准备掉脑袋。

✿志小则易足，易足则无由进。

译文：志向小就容易满足，容易满足就不能再进步。

✿志行万里者，不中道而辍足；图四海者，匪怀细以害大。

译文：决心远走万里的人，不会在半路上停止前进；打算占
有四海的人，不会计较小事而危害大的事业。

✿志于事业，则富贵不足道；志于富贵，则其人不足道。

译文：对于志向在于事业的人来说，富贵就不值一提了；如
果一个人志向在于富贵，那这个人就不值一提了。

✿志在富贵，则得志便骄纵，失志则便放旷与悲愁而已。

译文：如果志向是要得到富贵，那么如愿就会骄横放纵，失
败就只会放旷悲伤罢了。

✿志在四海而尚恭俭，心包宇宙而无骄盈。

译文：志在四海而勤俭谦恭，心存天下而不骄傲自满。

✿志之难也，不在胜人，在自胜。

译文：立志的困难，不在于胜过别人，而在于战胜自己。

✿壮心欲填海，苦胆为忧天。

译文：雄心想要把大海填平，苦胆为天下忧虑。

✿自安于弱，而终于弱矣；自安于愚，而终于愚矣。

译文：自己安心于软弱，最终也只能是软弱；自己安心于愚
蠢，最终也只能是愚蠢。

求知篇

❋不用头脑阅读会使人变愚钝。

❋当你还不能对自己说今天学到了什么东西时,你就不要去
  睡觉。

❋读书是学习,使用也是学习,而且是更重要的学习。

❋儿童是新时代的创造者,不是旧时代的继承者。

❋丰硕的知识来源于不辍地学习。

❋"复习"就是快速学习,在一天之内把本该一个学期学的东
  西学会。

❋富有真理的书是万应的钥匙,什么幸福的门用它都可以
  打开。

❋干就是学习。

❋花再美,也要绿叶的衬托;天再蓝,也要小鸟的修饰;海再
  阔,也要鱼儿的点缀;人再聪明,也要知识的充实。

❋理愈辩而愈明。

❋灵魂在求知中净化,信念在事业中升腾。

❋每年只能收成一次,但天天都得下田。

❋你要有知识,你就得参加变革现实的实践。

❋太阳每天从同一个地方升起,但人生不能总在同一个地方

徘徊。

✽天才最厉害的,无过于天才得了真知识。

✽通过实践而发现真理,又通过实践而证实真理和发展真理。

✽学术上的许多突破和创见,无不是从大胆的怀疑或设想开始的。

✽学习的敌人是自己的满足,要认真学习一点东西,必须从不自满开始。

✽学习与思考二者必须结合起来,不可偏废。单思不学,会变成空想妄想;单学不思,又会变成书呆子。

✽一间没有书的屋子,正如一个没有窗子的房间。

✽一切真知都是从直接经验出发的。

✽“一”是一切知识的起点。

✽有关国家书常读,无益身心事莫为。

✽真知的根是安在经验里的。

✽知识的问题是一个科学问题,来不得半点的虚伪和骄傲。

✽知识为进步之母,而进步又为富强之源泉。

✽博学而笃志,切问而近思,仁在其中矣。

译文:广泛地学习而且坚守自己的志向,切实地发问而且对当前的实际问题多加思考,那么仁德自然就在这里面了。

❊博学而详说之,将以反说约也。

译文:广泛地丰富自己的知识,用极其简单好懂的话,深入
　　　浅出地传授知识,使人明白地获得确切的答案。

❊博学之,审问之,慎思之,明辨之,笃行之。

译文:治学要做到广泛地学习,仔细地发问,谨慎地思考,明
　　　白地辨析,坚定地实行。

❊不得以有学之贫贱,比于无学之富贵。

译文:不应该把有学识的贫贱之士,与没有学识的富贵之人
　　　相提并论,因为学识是无价之宝。

❊不贵其师,不爱其资,虽智大迷。

译文:不尊重他的老师,不珍惜他的借鉴的作用,虽然自以
　　　为聪明,其实是糊涂。

❊不闻不若闻之,闻之不若见之,见之不若知之,知之不若行
　　之。学至于行之而止矣。

译文:没有听到不如听到了,听到了不如看见了,看见了不
　　　如知道了,知道了不如付诸实行。学习到了实行的阶
　　　段,也就到最顶峰了。

❊不学操缦,不能安弦;不学博依,不能安诗。

译文:不先学习调弦杂弄,指头不灵活,就学不好琴瑟;不先
　　　学习广泛地打比喻,就学不好诗。

❊不学自知,不问自晓,古今行事,未之有也。

译文:不学习,自己却掌握了知识;不请教,自己却明白了道
理;古往今来还没有这种事。

❀不以规矩,不能成方圆。

译文:不用圆规和曲尺这两种工具,就不能使方形和圆形符
合标准。

❀不知则问,不能则学,虽能必让,然后为德。

译文:自己不知道的就询问,自己不会做的就学做。自己即
使有才能也必须恭敬谦让,这样才能有德行。

❀大匠不为拙工改废绳墨,羿不为拙射变其彀率。

译文:有名的工匠不因为木工技术愚笨而改变或废弃法则,
善于射箭的后羿也不因为射手笨拙而改变拉弓的
标准。

❀大匠诲人必以规矩,学者亦必以规矩。

译文:有名的木匠教诲人,必定按照规矩;学习的人也必须
遵守规矩。

❀大器晚成,大音希声。

译文:喻指卓有才干的人往往需要经过长期的磨炼,成就得
比较晚,不易为人所知。

❀大志非才不就,大才非学不成。

译文:宏大的志向没有才能就不可能实现,而很高的才能不
通过学习也是不能形成的。

✿道之所存,师之所存也。

译文:道理所在的地方,也就是老师所在的地方。

✿弟子不必不如师,师不必贤于弟子。

译文:做学生的未必样样都比不上老师,做老师的未必处处
都比学生高明。

✿读书好处心先觉,立雪深时道已传。

译文:如果读懂书的要义,精神就会首先领悟;如果像宋人
杨时那样做到程门立雪、尊敬师长,治世之道即可以
向百姓推广。

✿读书破万卷,下笔如有神。

译文:读书超过万卷以后,下笔写作时就像有神帮助一
样了。

✿多财只益愚,读书可希贤。

译文:财富多只能增加人的愚蠢,读书才能使人变得贤明。

✿多见者博,多闻者知。

译文:看得多的人知识就渊博,听得多的人头脑就聪明。

✿泛讲未必吻合,而习之纯熟者妙。

译文:泛泛地讲,就不会深切体会书中的意旨;只有经常复
习,才可十分熟练。

✿匪面命之,言提其耳。

译文:不但当面指教,而且提着耳朵叮嘱。

✿夫人必知礼而后恭敬,恭敬人后尊让。

译文:人一定要懂得礼以后才会产生恭敬之心,产生恭敬之心以后才会懂得尊敬他人、礼让他人。

✿苟日新,日日新,又日新。

译文:如果能每天除旧更新,就要天天除旧更新,不间断地更新又更新。

✿古之学者为己,今之学者为人。

译文:古人学习是为了充实和提高自己的学问和道德;今人学习是为了装饰自己,给别人看。

✿好问则裕,自用则小。

译文:喜欢求教,就会学识渊博;自以为是,就会学识浅薄。

✿黑发不知勤学早,白首方悔读书迟。

译文:年轻的时候不懂得要早点努力学习,等到头发白了才后悔而去读书已经晚了。

✿剑虽利,不厉不断;材虽美,不学不高。

译文:宝剑虽然锋利,但要是不在石上磨砺,也不能砍断东西;人才虽然美好,但是不去学习,也就不能使才能得到发挥,品德得到提高。

✿积财千万,不如薄伎在身。

译文:即便是积蓄万贯家财也不如身怀一种小小的技艺。

✿敬教劝学,建国之大本;兴贤育才,为政之先务。

译文:重视教育劝勉治学,这是建设国家的根本前提;发掘
　　　贤士培育人才,这是治理政事的首要任务。

✿尽信书,则不如无书。

译文:如果全都相信书上的话,还不如没有书。

✿近朱者赤,近墨者黑。

译文:比喻人们常因环境影响而改变其习性,现用以启示人
　　　们,要重视社会教育,尤其要从各方面给青少年以良
　　　好的社会影响。

✿君子之教喻也,道而弗牵,强而弗抑,开而弗达。

译文:有修养的人教育学生,诱导他们而不是牵着他们学
　　　习,勉励他们而不是推着他们学习,启发他们的思路
　　　而不是代替他们对问题作出结论。

✿君子之于子,爱之而勿面,使之而勿貌,导之以道而勿强。

译文:君子对于自己的孩子,喜爱他但不要表现在自己脸面
　　　上,使唤他但不要给好的脸色,用道理诱导他而不要
　　　强制他。

✿毛羽未成,不可以高飞。

译文:假如鸟儿的羽毛还没有长丰满,就不可能翱翔于
　　　天空。

✿敏而好学,不耻下问。

译文:聪明而好学,不以向地位比自己低、知识比自己少的

人请教为羞耻。

✿明日复明日，明日何其多！我生待明日，万事成蹉跎。

译文：明天以后还有明天，明天是多么的多呀！如果一辈子
都在等待明天，那么什么事情都会办不成。

✿莫等闲，白了少年头，空悲切。

译文：不要白白地浪费时间，否则等到年老了一事无成，再
后悔也来不及了，只能独自悲伤。

✿默而识之，学而不厌，诲人不倦，何有于我哉？

译文：默默地把学过的知识记在心里，努力学习而从不满
足，教导别人不知疲劳，这些事我做到了哪些呢？

✿拼却老红一万点，换将新绿百千重。

译文：原借描写残春花落叶茂的景色，暗讽在朝志士渐被排
挤、奸佞日益横行的情况。后反其意而用，喻指前辈、
长者不遗余力荐引、培育新人。

✿齐都世刺绣，恒女无不能；襄邑俗织锦，钝妇无不巧。

译文：说明耳濡目染，经常实践，均可达到熟练、精巧的
程度。

✿器不饰则无以为美观，人不学则无以有懿德。

译文：器物不修饰就不能变得美观，人不学习就不会具有美
好的品德。

✿青，取之于蓝而青于蓝。

译文:青色染料是从蓝草里提炼出来的,但颜色比蓝草更深。

✿穷则变,变则通,通则久。

译文:凡事到了尽头就会发生变化,变化就能通达,通达了就能长久。

✿染于苍则苍,染于黄则黄。

译文:以染丝为喻,说明人们的思想、性格因受周围环境的影响而改变,告诫人们重视环境的影响。

✿人不说不知,木不钻不透。

译文:人不经过教育就不会有知识,木头不用钻子钻就无法穿透。

✿人生处万类,知识最为贤。

译文:人生所处世界万物当中,智慧和见识最高尚。

✿人之为学,不可自小,又不可自大。

译文:人研究学问,既不能自卑又不能骄傲自大。

✿人皆知以食愈饥,莫知以学愈愚。

译文:人们都知道用食物来填饱肚子,却不知道要用学习来治疗愚昧。

✿人生幼小,精神专利,长成已后,思虑散逸,固须早教,勿失机也。

译文:人在幼小的时候,精神专一,记忆力强,长大以后,思想分散,贪图安闲,所以应该及早进行教育,不要失掉良好的时机。

✿日计之而不足,岁计之而有余。

译文:对于学习或工作来说,每天计算一次所得并不多,每年计算一下却是绰绰有余的。

✿日闻所未闻,日见所未见。

译文:每天都要听没有听过的知识,每天都要看没有看过的文章。

✿日习则学不忘,自勉则身不堕。

译文:每日温习,所学的东西就不会忘记;时时自我勉励,思想就不致堕落。

✿日新之谓盛德。

译文:每天都有新的变化才是大德。

✿三人行,必有我师焉,择其善者而从之,其不善者而改之。

译文:三个人一起走路,其中必有值得我学习的老师。选择他们的优点加以学习,对照他们的缺点加以改正。

✿三余广学,百战雄才。

译文:利用各种空暇时间广泛学习,才能具有百战不败的雄才大略。

✿善学其如海,不满也不乏。

译文:善于学习的人,就像大海那样既不自满,也不自卑。

❈善者不辩,辩者不善。知者不博,博者不知。

 译文:精通学问的人不显耀自己,喜欢显耀的人其实不精通
   学问;精通某方面知识的人不一定样样都懂,样样都
   懂一点的人不一定有精深的知识。

❈少而好学,如日出之阳;壮而好学,如日中之光;老而好学,
如炳烛之明。

 译文:人年少时期爱好学习,就像初升的太阳一样,光明鲜
   亮;壮年时期爱好学习,就像中午的太阳一样,光线强
   烈;老年时期爱好学习,就像燃烛照明一样,在黑暗中
   闪光。

❈少年易老学难成,一寸光阴不可轻。

 译文:青春年华是学习的大好时光,而到老了才开始学习就
   难以成功。一分一秒时光都不可以浪费。

❈少壮不努力,老大徒伤悲。

 译文:年轻的时候不努力学习,等到老了就只能空悲伤了。

❈圣人无常师。

 译文:圣人没有固定的老师。

❈圣人之所以为圣也,只是好学下问。

 译文:圣人之所以诸事皆通,聪敏超人,只是因为他们勤于
   学习,不耻下问。

❈盛年不重来,一日难再晨。及时当勉励,岁月不待人。

译文:人生青壮年时代不会再来,一天之中也不会有第二个
　　早晨。趁着大好时光赶紧努力,岁月可是不等人啊!

✤失之东隅,收之桑榆。

译文:早晨失落的,傍晚补回来。喻失去的东西终会补
　　回来。

✤师严然后道尊,道尊然后民知敬学。

译文:教师须严整肃然,其学说才会被人尊奉,老百姓才会
　　对他尊敬,跟他学习。

✤师者,所以传道、授业、解惑也。

译文:老师,就是传授道理、教授学业、解答疑难问题的人。

✤士虽有学,而行为本焉。

译文:读书人虽然有学问,但行动是根本。

✤授书不在徒多,但贵精熟。

译文:教学不要贪多,力求精熟。

✤树橘柚者,食之则甘,嗅之则香;树枳棘者,成而刺人。

译文:喻指培养不同的人,效果不同。也可借以说明凡事应
　　考虑其后果。

✤它山之石,可以攻玉。

译文:别的山上的石头,也可以用来磨玉器。

✤天下桃李,悉在公门。

译文:赞誉卓有见识的人推荐、培育了大批人才。

❀天变不足畏,祖宗不足法,人言不足恤。

　译文:天象的变化不必畏惧,祖宗的规矩不一定效法,人们
　　　　的议论也不需要担心。

❀为学须觉今是而昨非,日改月化,便是长进。

　译文:做学问应该觉得今天理解的比昨天正确,这样每天都
　　　　有收获,就是进步。

❀惟进取也故日新。

　译文:只有不断地进取,才会有不断的创新。

❀温故而知新,可以为师矣。

　译文:温习学过的知识,并能从中吸取新的体会和见解,这
　　　　样的人就可以当老师了。

❀我非生而知之者,好古,敏以求之者也。

　译文:我并不是天生就有知识的人,而是喜欢向古人学习,
　　　　通过努力才获得学问的人。

❀吾尝终日不食,终夜不寝,以思,无益,不如学也。

　译文:我曾经整天不吃,整晚不睡,去冥思苦想,但没有什么
　　　　益处,不如去学习。

❀吾生也有涯,而知也无涯。

　译文:我的生命是有限的,但知识和学习知识的过程是无尽
　　　　头的。

❀贤俊者自可赏爱,顽鲁者亦当矜怜,有偏宠者,虽欲以厚之,

更所以祸之。

译文：才智出众的孩子自然令人喜爱，但愚笨的，也应予以怜惜；偏爱孩子的人，虽然想厚待孩子，但更因此使其得祸。

✿新竹高于旧竹枝，全凭老干为扶持。

译文：比喻青出于蓝而胜于蓝，而新生力量的成长又须老一代积极培育扶植。

✿新蒲新柳三年大，便与儿孙作屋梁。

译文：以栽树喻指要迅速培育人才，作为长远之用。

✿行成于思，毁于随。

译文：做事情由于深思熟虑而有所成就，因为随便散漫而毁掉。

✿行之力，则知愈进；知之深，则行愈达。

译文：越是努力实践，知识学问就越会有进步；知识越是深厚，则做起事来越是能获得成功。

✿学而不思则罔，思而不学则殆。

译文：只学习而不思考，就会迷惑不解；只思考而不学习，就会无所成就。

✿学而时习之，不亦说乎？

译文：对学到的知识经常去温习，不也是令人愉快的事吗？

✿学而为名，内不足也。

译文:学习如果只是为了追名逐利,心中一定没有真正的
收获。

❀学非探其花,要自拔其根。

译文:学习不仅仅是取得花儿就行,还要拔起它的根基。

❀学贵有常,而悠悠害道。

译文:学习贵在有恒心,坚持不懈地努力,而放任自流、慵懒
散漫不利于学习。

❀学贵知疑,小疑则小进,大疑则大进。

译文:学习贵在懂得疑惑,有小的疑惑就会有小的进步,有
大的疑惑就会有大的进步。

❀学莫贵乎自得,非在人也。

译文:学习最可贵的在于通过自己的努力有所收获,而不是
依靠别人。

❀学如不及,犹恐失之。

译文:学习好像追逐什么似的生怕赶不上,学到以后仍然唯
恐失掉它。

❀学然后知不足,教然后知困。

译文:学习之后才能知道自己有不足之处,教育别人之后才
会感到自己还有不懂的地方。

❀学所以益才也,砺所以致刃也。

译文:人经过学习就可以增加才能,刀经过磨砺就可以更加

锋利。

✲学问不厌,好士不倦,是天府也。

译文:勤学好问,不厌其烦;爱好士人,不知疲倦:这就是天然的知识宝库。

✲学问藏之身,身在则有余。

译文:人怀有学问,只要活着就会用之不尽。

✲学问尚精专,研磨贵纯一。

译文:做学问应该专心致志,研究切磋应该单纯专一。

✲学问无大小,能者为尊。

译文:学问不论年长年幼,应该以擅长某一方面的人为师。

✲学问在早年,光芒如初旭;晚岁则已迟,夜行仅秉烛。

译文:年轻时做学问,就好像早上升起的太阳一样,光芒四射;年老时做学问就已经晚了,只能像拿着蜡烛照路一样,昏暗无光。

✲学者非必为仕,而仕者必如学。

译文:做学问的人不一定为了做官,而做官的人却一定要学习。

✲学者如禾如稻,不学者如草如蒿。

译文:学习的人像有价值的庄稼,不学习的人像无用的蒿草。

✲学者之患,莫大于自足而止。

译文:研究学问的人的灾难,没有比因自满而停滞不前更可怕的了。

❀学则智,不学则愚。

译文:学习会使人变得聪明,不学习就会使人变得蠢笨。

❀学贵心悟,守旧无功。

译文:学习贵在心领神会,保守住前人的旧观点,毫无用处。

❀学至乎没而后止。

译文:学习到生命的最后一刻才停止。

❀玉不琢,则南山之圆石。

译文:玉如果不经雕琢,就如同南山之上的普通圆石而已。

❀玉经琢磨多成器,剑拔沉埋便倚天。

译文:玉石经过切磋打磨大多能成为宝器;长剑超脱被埋没的处境,便能成为倚天宝剑。

❀养不教,父之过;教不严,师之惰。

译文:生养孩子而不让他受教育,这是父亲的过错;虽教育而又不严格,那是教师懒惰的过失。

❀弈之为数,小数也。不专心致志,则不得也。

译文:下棋虽然算不上什么大学问,但如果不专心致志地学,也是学不成的。

❀玉不琢,不成器;人不学,不知道。

译文:玉石不经过雕琢,就不会成为精美的器具;人不学习,就不会懂得道理。

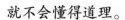知者不言，言者不知。

译文：知识丰富的人不多表露，过多表露的人则是缺乏
知识。

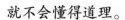终日乾乾，与时偕行。

译文：一天到晚谨慎做事，自强不息，和日月一起运转，永不
停止。

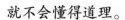子孙若贤，不待多富，若其不贤，则多以征怨。

译文：子孙如果是有才德的，不需财富多；如果他没有才德，
财富多了就会招致祸患。

处 世 篇

✿ 不要再对着昨天扼腕叹息,虽然它曾是前天的明天;不要再对着明天想入非非,因为它将是后天的昨天。

✿ 懂得如何安排昨天、今天、明天,你就懂得了把握人生。

✿ 对待生活中的每一天若都像生命中的最后一天去对待,人生定会更精彩。

✿ 活在昨天的人失去过去,活在明天的人失去未来,活在今天的人拥有过去和未来。

✿ 来不及化妆,但至少来得及微笑。

✿ 流星之所以美丽在于燃烧的过程,人生之所以美丽在于奋斗的过程。

✿ 落叶很在乎自己的舞姿,流星很注重那最后一刻的光芒,我们更应该珍惜我们人生的全过程。

✿ 没有人能令你失望,除了你自己。

✿ 人生共有三天:昨天、今天、明天。昨天已经过去,明天还没到来,我们只有把握今天,珍惜今天,才能为人生增添光辉。

✿ 人应如树:站着,是一道美丽的风景;倒了,是一个优质的栋梁。

❋人,应像个"人",永远向上而又脚踏实地。

❋"天道酬勤",也许你付出了不一定得到回报,但不付出一定得不到回报。

❋勿贪小便宜,以免上大当;勿争小意气,以免失大局。

❋幸福没有明天,也没有昨天,它不怀念过去,也不向往未来,它只有现在。

❋一种人,想求知而不在意他人是否认为自己有知识;一种人,不关心求知识却非常关心自己能否被他人视为有知识。

❋有劳不一定有获,不劳却一定不获。

❋在困难面前没有退路,只有前进才有希望。

❋在思想上大手大脚,在生活上适可而止。

❋最大的破产是绝望,最大的资产是希望。

❋昨天是作废的支票,明天是期货,只有今天是可使用的现金。

❋按图索骥者,多失于骊黄牝牡。

译文:按照图像去寻找良马,往往连颜色、性别也分辨不清,如何能找到良马。

❋傲不可长,欲不可纵,志不可满,乐不可极。

译文:骄傲不可滋长,欲望不可以放纵,不能让自己志得意满,不应该使自己乐到极端。

✿暴虎冯河,死而无悔者,吾不与也。必也临事而惧,好谋而成者也。

译文:赤手空拳打虎,步行渡河,这样死了都不后悔的人,我不同他共事。我所要共事的,一定是遇事谨慎,善于深思熟虑而能完成任务的人。

✿不涸泽而渔,不焚林而猎。

译文:不能将湖沼的水汲干了捕鱼,不要焚烧树林打猎。

✿不患寡而患不平,不患贫而患不安。

译文:财物少并不是最可怕的,而最可怕的是分配不均;百姓穷并不是最可怕的,而最可怕的是社会不安定。

✿不戚戚于贫贱,不汲汲于富贵。

译文:不要忧虑自己的贫贱,也不要急着去追求富贵。

✿不收金弹抛林外,却惜银床在井头。

译文:不去将弹出去的金弹拾回,任其丢失在林外,却对井上的辘轳架倒有几分怜惜。

✿不以人之坏自成,不以人之卑自高。

译文:不因为别人的衰败而自以为成功,不因为别人的卑微而自以为高大。

✿不知戒,后必有。

译文:对以前受的挫折不加以警惕,以后必定重蹈覆辙,再

享用一生的中华格言

受同样的挫折。

❀不蹶于山,而蹶于垤。

译文:没被大山绊倒,却被小土堆绊倒。

❀察见渊鱼者不祥,智料隐匿者有殃。

译文:能看清深水中的鱼的人必会有不祥的遭遇,能看出人
家隐私的聪明人必会有灾殃。

❀长木之毙,无不摽也。

译文:高大的树木在倒下的时候,不能不砸坏其他东西。

❀长袖善舞,多钱善贾。

译文:袖子长善于舞蹈,本钱多才好做生意。

❀成大事者,不恤小耻;立大功者,不拘小谅。

译文:做大事业的人,不因小小的羞辱而忧心忡忡;建大功
勋的人,不被小小的信誉捆住手脚。

❀成事不说,遂事不谏,既往不咎。

译文:已经发生了的事就不用再解说了,已经做成的事就不
用再规劝了,已经过去的错误就不要再责怪追究了。

❀成事在理不在势。

译文:事情的成功是由于符合公理,而不因为有强大的
权势。

❀川流溃决,必问为防之人;比户延烧,必罪失火之主。

译文:长河大江决堤,一定要问罪于修筑堤防的人;一户连着一户地被火焚烧,一定要问罪于造成火灾的那个人。

✿船到江心补漏迟。

译文:把船划到江心才想到去补漏洞,那就晚了。

✿大行不顾细谨,大礼不辞小让。

译文:干大事的人可以不考虑细枝末节,行大礼不避小的责备。

✿大丈夫处世,当交四海英雄。

译文:大丈夫活在世上,应当结交天下英雄。

✿当断不断,反受其乱。

译文:凡事该做决断时却犹豫不决,往往反使自己受害。

✿得闭口时须闭口,得放手时须放手。

译文:能够不说话的时候就不要多说话,能够住手的时候就要住手。

✿得饶人处且饶人。

译文:能够原谅人家的地方,就要原谅人家。

✿得时者昌,失时者亡。

译文:适应时代潮流的就会强盛,违背时代潮流的就会走向灭亡。

❀得意浓时休进步,须防世事多番复。

译文:一个人在非常得意的时候就不要咄咄逼人,应该防备
世上许多事情都是反复无常的。

❀登峻者戒在于穷高,济深者祸生于舟重。

译文:攀登高峰的人的惊惧,往往发生在登上最高处;横渡
深水的人的祸患,常常发生在船上装得太重。

❀敌存灭祸,敌去召过。

译文:敌人存在的时候,能提高警惕,因而避免灾祸;而敌人
没有了,却容易丧失警惕,反遭祸害。

❀度德而处之,量力而行之。

译文:根据自己的德行高低和能力大小,来处理事情。

❀钓者之恭,非为鱼赐也;饵鼠以蛊,非爱之也。

译文:钓鱼的人恭敬地用饵食喂鱼,并不是给鱼以恩赐;用
毒饵去喂老鼠,并不是表示喜欢老鼠。

❀二人同心,其利断金。

译文:两个人齐心合力的巨大力量,能将金属截断。

❀凡人之患,蔽于一曲而暗于大理。

译文:大凡人的毛病,都易于受局部偏见的蒙蔽,而不了解
关系到全局的大道理。

❀凡事行,有益于理者立之,无益于理者废之。

译文:处理任何事情,只要是有益于公理的就树立提倡,不利于公理的就废除掉。

❀凡事预则立,不预则废。

译文:凡事如果能预先充分准备就会成功,否则就会失败。

❀防决不备,有水溢之害;网解不结,有兽失之患。

译文:不做好堤防工作,就有洪水泛滥的危害;罗网口不结好,就有捕不到鸟兽的危险。

❀放情者危,节欲者安。

译文:放纵享受的人一定有危险,节制欲望的人必然平安。

❀非理之财莫取,非理之事莫为。

译文:不符合道理的财物不要获得,不符合道理的事情不能去干。

❀非我而当者,吾师也;是我而当者,吾友也;谄谀我者,吾贼也。

译文:对我批评得正确、恰当的人,可以成为我的老师;能恰如其分地评价我的优点的人,是我的朋友;对我阿谀奉承的人,是害我的人。

❀夫祸患常积于忽微,而智勇多困于所溺。

译文:灾祸、隐患常常是由一些细小的失误积累而成,智慧勇敢的人常常被自己所喜好的东西所困惑。

✽福不择家,祸不索人。

译文:福气不会自己选择人家,灾祸也不会自己寻人降临。

✽富贵多士,贫贱寡友。

译文:有钱有势的人,依附的士人就多;贫穷低贱的人,朋友就少。

✽富贵而知好礼,则不骄不淫;贫贱而知好礼,则志不慑。

译文:富贵而懂礼,就能做到不骄不淫;贫贱而懂礼,心中就没什么可害怕的。

✽富贵他人合,贫贱亲戚离。

译文:富贵了,外人也会前来凑合;贫贱的时候,亲戚也能离去。

✽甘井近竭,招木近伐。

译文:甘甜的井水容易枯竭,高大的树木容易被砍伐。

✽高飞之鸟,死于美食;深泉之鱼,死于芳饵。

译文:高飞的鸟因贪恋美食而被捕杀,深水中的鱼因贪恋鱼钩上的香饵而丧命。

✽故于事未尝敢疑惑,宜行则行,宜止则止。

译文:因此无论做任何一件事从来不敢犹疑不决,应该行动的决不停滞不前,应该停止的决不前进一步。

✽过载者沉其舟,欲胜者杀其身。

译文:装载过重就会使船沉下去,欲望过多就会招来杀身之祸。

✿函牛之鼎以烹鸡,多汁则淡而不可食,少汁则熬而不可熟。

译文:用煮全牛的大鼎来烹煮一只鸡,汤放多了自然没有香味而没法吃,汤放少了就会煮焦却不能煮熟。

✿豪华尽出成功后,逸乐安知与祸双。

译文:豪华是在功业成就之后才慢慢享受,淫逸安乐就同时招来祸害了。

✿好而知其恶,恶而知其美。

译文:对自己所喜爱的人,要了解他的短处缺点,不可偏袒;对自己所厌恶的人,要知道他的长处优点,不可抹杀。

✿好女之色,恶者之孽也。公正之士,众人之痤也。

译文:美女的容貌,在丑陋的人看来就是灾祸。公正无私的士人,在众人眼里就成了痤疮。

✿厚味来殃,艳色危身;求高反坠,务厚更贫。

译文:吃得太好必招来祸殃,妖艳的女人会伤害生命;求取高位反而落到低处,谋求丰厚反而更加贫困。

✿怀重宝者不以夜行,任大功者不以轻敌。

译文:怀藏着贵重的宝物,不能在晚上行走;担任重大事业的人,不能够轻视敌人。

✿坏崖破岩之水,源自涓涓。

译文:冲毁岩崖的大水,是由涓涓细流汇集而成的。

✿黄钟毁弃,瓦釜雷鸣。

译文:青铜编钟被毁坏抛弃而不用,反让瓦锅作为乐器响如雷鸣。

✿祸福茫茫不可期,大都早退似先知。

译文:祸福难以预料,大致说来,早日退身就近于有先见之明了。

✿祸兮福之所倚,福兮祸之所伏。

译文:幸福存在于祸难之中,祸难潜伏在幸福之中。

✿计疑无定事,事疑无成功。

译文:作计划的时候疑虑重重,那么什么事情也不能够确定下来;做事情的时候疑虑重重,就没有能够顺利建成的功业。

✿骥不称其力,称其德也。

译文:对于千里马,不是称赞它的气力如何,而是赞美它的优良品性。

✿家贫僮仆慢,官罢友朋疏。

译文:家道衰落了,连僮仆也怠慢起来;官职被罢免了,亲朋好友也纷纷疏远。

❀见利不失,遭时不疑。失利后时,反受其害。

译文:发现有利的条件就不要失手放过,遇到适当的战机就
　　　不要犹豫不决。如果失去有利的条件,或者落在战机
　　　的后面,不但不能取胜,还要反受其害。

❀贱日岂殊众,贵来方悟稀。

译文:贫寒低贱的时候,有谁认为她不同于众而另眼看待?
　　　高贵之后,人们便纷纷觉得她确实是难寻其匹的绝代
　　　佳人。

❀蛟龙得云雨,终非池中物。

译文:蛟龙得到云雾雨露,最终将不会甘作池中之物。

❀禁微则易,救末者难,人莫不忽于微细,以致其大。

译文:禁止萌芽容易,挽救结果就困难,人往往轻忽细枝末
　　　节,以至发展到不可以收拾的地步。

❀酒中不语真君子,财上分明大丈夫。

译文:酒醉后不胡言乱语的人才是真正的君子,对钱财始终
　　　保持清醒的人才是大丈夫。

❀居移气,养移体。

译文:所处的环境可以改变人的气度,所受到的奉养可以改
　　　变人的体质。

❀举大体而不论小事,务实效而不为虚名。

译文:认真做有关国计民生的大事而不斤斤计较无关宏旨的小事,讲究实际效用而不图谋虚名。

✿君子安而不忘危,存而不忘亡,治而不忘乱。是以身安而国家可保也。

译文:君子在安定时不忘记危险,生存时不忘记灭亡,治理国家时不忘记动乱。所以,自身安全,国家也可保持稳定。

✿君子藏器于身,待时而动。

译文:君子在身上积蓄才干,在适当的时候施展出来。

✿君子防未然,不处嫌疑间。

译文:高尚的人要预防还未发生的事情,不要置身于犯嫌疑的境地。

✿君子忌苟合,择交如求师。

译文:君子最忌无原则的附和,选择朋友要像求师那样慎重。

✿君子谋道不谋食;君子忧道不忧贫。

译文:君子谋求道义而不谋求衣食;君子忧虑道义得不到伸张而不忧虑贫穷。

✿君子先择而后交,小人先交而后择。

译文:有德行的人交朋友,必定经过选择,值得交的才和他

交往;没德行的人交朋友,先交往然后才去了解他的
情况。

✿君子有机以成其善,小人有机以成其恶。

译文:君子得到时机是为了做好事,小人得到时机是为了干
坏事。

✿开其自新之路,诱于改过之善。

译文:打开人的自新的道路,诱发他们改错的良知。

✿口惠而实不至,怨灾及其身。

译文:嘴上答应给别人恩惠好处,实际又办不到。不讲信
用,那抱怨和灾祸就会惹到自己身上来。

✿乐不可极,乐极成哀;欲不可纵,纵欲成灾。

译文:享乐不能追求极致,享乐至极就会导致悲哀;欲望不
能放纵,放纵了就会变成灾害。

✿礼恭而意俭,大齐信焉,而轻货财;贤者敢推而尚之,不肖者
敢援而废之,是中勇也。

译文:礼貌恭谨而存心谦逊,注重信用而轻视钱财;对于贤
能的人敢于推举上去使他受到重用,对于不贤的人,
敢于把他拉下来废弃掉,这便是中等勇敢的人。

✿力田不如逢年,善仕不如遇合。

译文:努力耕田不如遇上丰年,好好做官不如遇上知己。

✤盲人骑瞎马,夜半临深池。

译文:瞎子骑着一匹瞎马,半夜来到深渊旁。比喻危险
　　　之至。

✤民之从事,常于几成而败之。慎终如始,则无败事。

译文:人们做事情,常常在快要成功时失败。在事情将要完
　　　成时也要像刚开始时那样慎重,就不会有失败的事。

✤名高毁所集,言巧智难防。

译文:名望高,则各种各样的诽谤指责就会从四面八方纷至
　　　沓来;蓄意伤人的花言巧语,即使是聪明人也难以
　　　防备。

✤末流之竭,当穷其源;枝叶之枯,必在根本。

译文:河流下游之水枯竭,应当从河流的发源地找原因;树
　　　木的枝叶干枯,那一定是树根上出了问题。

✤谋无主则困,事无备则废。

译文:谋划没有主见就会疑惑,做事情没有准备就会失败。

✤目失镜则无以正须眉,身失道则无以知迷惑。

译文:眼睛没有镜子就不能整理容貌,行为离开道义就不知
　　　道什么是迷惑。

✤鸟飞尽,良弓藏。

译文:飞鸟被捕完了,良弓自然要收藏起来。

❀宁为鸡口,无为牛后。

译文:宁可做鸡的嘴巴,决不做牛的肛门。

❀弄刀者伤手,打跳者伤足。

译文:舞弄刀子的人容易将手割破,蹦蹦跳跳的人容易将脚
　　　跌伤。

❀匹夫无罪,怀璧其罪。

译文:一个人没有罪,怀藏美玉就是他的罪。

❀贫不学俭,卑不学恭。

译文:贫穷的人不得不节俭,地位低下的人不得不谦恭,情
　　　势所迫,不学而能。

❀贫贱常思富贵,富贵必履危机。

译文:贫穷卑贱时常常盼望当官发财,当官发财必将踏上危
　　　险的路途。

❀贫居闹市无人问,富在深山有远亲。

译文:家道贫寒的人,即使住在繁华的街市也无人探问;家
　　　道富庶的人,即使住在深幽的山谷也有远房亲戚。

❀平地把手笑,乘崖拨足挤。

译文:平道坦途上,彼此手握手欢笑不已;登上悬崖,则挪动
　　　双脚,试图将对方挤落。

❀骑马莫轻平地上,收帆好在顺风时。

译文:骑马的人不能在平坦的道路上就掉以轻心,驾船的人应在顺风时就应该及早收帆。

❀千里之行,始于足下。

译文:千里远的路程,也是从脚下开始的。

❀千丈之堤以蝼蚁之穴溃,百尺之室以突隙之烟焚。

译文:千里长堤因蝼蚁小洞而崩溃,百尺高屋因烟囱漏火而烧焚。

❀巧言乱德。小不忍,则乱大谋。

译文:花言巧语会损害德行。小事情不能容忍,就会败坏大事情。

❀轻者重之端,小者大之源,故堤溃蚁孔,气泄针芒。

译文:轻是重的开端,小是大的源头,所以堤坝溃于蝼蚁穿洞,球泄气是由于针尖所致。

❀人不可自恕,亦不可令人恕我。

译文:人不能自己原谅自己,也不能总是要求别人原谅自己。

❀人方为刀俎,我为鱼肉。

译文:别人正像屠刀和砧板,而我们却似被宰割的鱼和肉。

❀人恒过,然后能改;困于心,衡于虑,而后作;征于色,发于声,而后喻。

译文:人常常会犯错误,然后从中吸取教训,改正错误;心中
困惑,思虑阻塞,然后才能奋发努力;效果表现在面色
上,抒发在言语中,然后才能被人们了解。

❀人能弘道,非道弘人。

译文:是人可以弘扬道义,而不是道义能光大人。

❀人情忌殊异,世路多权诈。

译文:世人所顾忌的是感情变化无常,而世间的人事偏偏多
权变奸诈。

❀人无害虎心,虎有伤人意。

译文:人没有伤害老虎的心思,老虎却有伤害人的意图。

❀人无远虑,必有近忧。

译文:一个人如果没有长远的考虑,就必然会有近期的
忧患。

❀人之多言,亦可畏也。

译文:别人的议论,也真叫人害怕。

❀人之所畏,不可不畏。

译文:别人所畏惧的,自己也不能不畏惧。

❀人之相知,贵相知心。

译文:朋友之间的了解,可贵的是相互了解对方的内心。

❀仁者以财发身,不仁者以身发财。

译文:实施仁义的人以散财来提高自己的声誉,不实施仁义
　　　　的人以自身的毁灭去获得财产。

❀仁者不乘危以邀利,智者不侥幸以成功。

　　译文:仁爱的人不乘人危难的时候求取私利,明智的人不抱
　　　　着侥幸的心理等待成功。

❀任情终有失,执法永无差。

　　译文:凭着感情办事终究会出现失误,依照法则办事永远也
　　　　不会有差错。

❀忍辱含垢,常若畏惧。

　　译文:忍受着耻辱,经常好像怀着畏惧。

❀忍小忿而就大谋。

　　译文:忍耐小的愤恨,成就远大的谋划。

❀柔则茹之,刚则吐之。

　　译文:软的就吃下去,硬的就吐出来。

❀若鱼游釜中,喘息须臾间耳。

　　译文:就像鱼在做饭的锅里游动一样,苟延残喘也不过片刻
　　　　之间罢了。

❀山者大,故人慎之;垤之小,故人易之也。

　　译文:山很高大,所以人很谨慎;土丘很小,所以人常疏忽。

❀善持势者,蚤绝奸之萌。

译文:要善于掌握时机,尽早杜绝奸佞小人。

❀善游者溺,善骑者堕,各以其所爱,反自为祸。

译文:善于游泳的人往往被淹死,善于骑马的人往往被摔下来。各人因自己所擅长的,反而会招来祸患。

❀善渔者不泄泽,善田者不竭卉。

译文:会打鱼的人不会将水全部排干,会种田的人不会将草全部拔除。

❀舌之存也,岂非以其柔耶? 齿之亡耶,岂非以其刚耶?

译文:舌头能长期存在,难道不是因为它柔软吗? 牙齿早就脱落,难道不是因为它刚硬吗?

❀胜事谁复论,丑声日已播。

译文:好的事情没有人议论,坏的名声却传播得很快。

❀失之毫厘,差以千里。

译文:一丝的失误,会造成巨大的差错。

❀识时务者,在乎俊杰。

译文:正确认识眼前客观形势,在于英俊杰出之士。

❀世路山河险,君门烟雾深。

译文:生活路上有许多如同山河一样的险阻,官场里明争暗斗就像烟雾一般看不透彻。

❀世情恶衰歇,万事随转烛。

译文:常情是,谁一旦家败势衰,就要遭人厌恶,原有的一切便像烛焰因风而动一样发生变化。

❀世人多蔽,贵耳贱目,重遥轻近。

译文:世间的人往往好受蒙蔽,他们相信耳朵听见的,而疑惑眼睛看见的;重视远处的,而瞧不起近处的。

❀事不三思,终有后悔。

译文:做事不经过反复考虑,过后总有后悔的时候。

❀事善能,动善时。

译文:处理事务要讲究功效,行动要选择最佳时机。

❀事修而谤兴,德高而毁来。

译文:一个人在事业上取得了成就,诽谤也就随之而来;一个人品德出众,种种诋毁也就接踵兴起。

❀事以密成,语以泄败。

译文:事情由于保密而成功,说话因为泄露机密而失败。

❀事遇机关须退步,人逢得意早回头。

译文:办事遇到机谋奸诈,就要抽身退步;已经称心如意,就要及早回头。

❀是可忍也,孰不可忍也。

译文:这件事如果可以容忍,还有什么事不能容忍呢?

❀衰世好信鬼,愚人好求福。

译文:没落的时代喜好相信鬼魅,愚蠢的人们喜好祈求福分。

✿水之积也不厚,则其负大舟也无力。

译文:如果积水不深,那它就没有力量将大船浮起来。

✿水至清则无鱼,人至察则无徒。

译文:水太清了,鱼就无法藏身,因此水里就没有鱼了;为人太精明了,不能宽容于别人,就找不到合得来的人。

✿私视使目盲,私听使耳聋,私虑使心狂。

译文:为了一己私利去看,就会使眼睛什么也看不见;为了一己私利去听,就会使耳朵什么也听不清;为了一己私利去考虑问题,就会使心智狂乱。

✿虽有智慧不如乘势,虽有镃基不如待时。

译文:即便聪明过人,不如利用时机;即使有锄头,也要到了季节才能动工。

✿太刚则折,太柔则卷,圣人正在刚柔之间。

译文:过分刚直就可能被折断,过分柔软也可能被卷曲,圣人恰好在阳刚阴柔之间。

✿天下从事者不可以无法仪,无法仪而其事能成者无有也。

译文:天下做事情的人不能没有准则,失去准则而能做成事情的情形是没有的。

❀天下殆哉,岌岌乎。

译文:天下岌岌乎危险得很呀!

❀天下之事,理胜力为常,力胜理为变。

译文:天下的事情,公理胜于强权是正常的,而强权战胜公理则是反常的。

❀同欲者相憎,同忧者相亲。

译文:内心企求相同的人容易相互憎恶,有共同的痛苦或忧患的人容易互相亲近。

❀图难于其易,为大于其细。

译文:征服困难应从容易处开始,做大事应从细微之事着手。

❀危于累卵,难于上天。

译文:处境比把蛋堆叠在一起还危险,要达到目的比登天还困难。

❀为善者不云利,逐利者不见善。

译文:做有益于众人之事的人从来不谈利益;巧取利益的人从来不做善事。

❀为无为,事无事,味无味。大小多少,报怨以德。

译文:把无为当作有为,把无事作为有事,把无味看成有味。大出于小,多生于少,用德来报答别人对自己的怨恨。

❀惟有道者能备患于未形也。

译文：只有有远见的人才能够在祸患没有形成的时候就预防它。

❀委肉当饿虎之蹊，祸必不振矣。

译文：把肉扔在饿虎出没的小路上，祸患就制止不了了。

❀畏其卒，怖其始。

译文：害怕事情可能有灾难性的后果，从开始就应加以警惕。

❀无礼而好凌人，怙富而卑其上，弗能久矣。

译文：没有礼貌而又爱欺侮人并仰仗有钱而鄙视上司，这样的人是不能长久的。

❀无为其所不为，无欲其所不欲。

译文：不做不应该做的事，不贪求不应该得到的东西。

❀无以待之，则十百而乱，有以待之，则千万若一。

译文：没有正确的处置事情的方法，即使事情很少也会显得异常纷乱；有正确的处置事情的方法，即使事情很多也能干得有条不紊。

❀勿以善小而不为，勿以恶小而为之。

译文：不要因为要做的好事太小就不去做，不要因为要做的坏事太小就去做。

❃习俗移志，安久移质。

译文：风俗习惯可以改变一个人的心理状态，长久的安逸可以改变一个人的思想本质。

❃香饵非不美也，龟龙闻而深藏，鸾凤见而高逝者，知其害身也。

译文：香饵并不是不味美，但龟龙闻到却下藏深渊，凤鸟见了也高飞蓝天，这是因为知道会危害自身。

❃先忧事者后乐，先傲事者后忧。

译文：做事之前就忧虑的人，事后会得到快乐；做事之前就骄傲的人，事后就会有忧患。

❃先之则太过，后之则不及。

译文：说明做事要准确地掌握适当的时机。

❃项庄舞剑，意在沛公。

译文：项庄舞剑的目的在于刺杀刘邦。比喻说话或行动虽然表面上是一种意图，实则想乘机害人。

❃象以齿焚身，蚌以珠剖体。

译文：大象因为有值钱的牙齿而丧生，蚌因为有昂贵的珍珠而惨遭剖身。

❃小谨者不大立，訾食者不肥体。

译文：拘谨于小节的人成不了大事，挑食的人身体不会健壮。

✽小人溺于水，君子溺于口，大人溺于民。

译文：一般人容易淹没在深水里，有德才的人容易淹没在流言里，一国的君主容易淹没在人民的怨愤中。

✽心治则百节皆安，心扰则百节皆乱。

译文：内心安宁则凡事都会安宁，内心扰乱则百事都会扰乱。

✽仰高者不可忽其下，瞻前者不可忽其后。

译文：仰望高空的人不能忽视地下，往前方观看的人不能忽视背后。

✽一登龙门，则声誉十倍。

译文：一旦能得到有力者的援引，步入官场，就会声名大振。

✽一失脚成千古恨，再回头是百年人。

译文：一旦堕落或犯了严重的错误，就将遗恨终身，要想不犯这个错误已是下一辈子的事了。

✽一时之强弱在力，千古之胜负在理。

译文：短时间势力的强弱可能由权力的大小来决定，但长久的胜负却取决于公理。

✽衣缺不补则日以甚，防漏不塞则日以滋。

译文：衣服破了不补，会一天比一天更加破烂；河堤漏水不堵塞,会一天比一天漏得厉害。

❀宜未雨而绸缪,毋临渴而掘井。

译文:应当在没有下雨的时候就把门窗捆绑牢实,不要到口
渴的时候才想起去挖井。

❀以肉去蚁,蚁愈多;以鱼驱蝇,蝇愈至。

译文:拿肉驱赶蚂蚁,蚂蚁反而会越赶越多;用鱼去轰散苍
蝇,苍蝇反而会越聚越多。

❀以身观身,以家观家,以乡观乡,以国观国,以天下观天下。
吾何以知天下然哉? 以此。

译文:从自身去观察他人,从自己的家去观察他人的家,从
自己所在的乡去观察异乡,从自己的国家去观察其他
的国家,从自己所处的天下去观察其他的天下。我是
怎么去知道天下的情况呢? 就是用这种方法。

❀义者不毁人以自益。

译文:有道德的人,不诋毁他人而抬高自己。

❀易以理服,难以力胜。

译文:(对待百姓)容易用道理使其服从,难以用暴力去
战胜。

❀有钱可使鬼,无钱鬼揶揄。

译文:只要有钱,鬼神也能够听你使唤;若没有钱,鬼神也会

嘲弄你。

✿有所取必有所舍,有所禁必有所宽。

译文:要有所获取,就一定要有所舍弃;要有所禁止,就一定
要有所宽容。

✿于安思危,危则虑安。

译文:在安定的时候要考虑到可能出现的危难,在危难的时
候要考虑怎样实现安定。

✿鱼游于沸鼎之中,燕巢于飞幕之上。

译文:鱼游在煮沸的鼎水之中,燕子的窝做在飘动的帐幕
之上。

✿与善人居,如入兰芷之室,久而不闻其香,则与之化矣。

译文:同好人生活在一起,就像走进兰草和香芷的花房,长
久了可能闻不到香味,那是因为自己也受到了优秀品
质的熏染。

✿欲速,则不达;见小利,则大事不成。

译文:如果只讲究速度,反而达不到目的;只贪求眼前的小
利,就不能成就大事。

✿遇事之易者未足喜,遇事之难者未足忧。

译文:碰上容易做的事不要显得十分高兴,碰上难做的事不
可以忧心忡忡。

✿运筹策帷帐之中,决胜于千里之外。

译文:在军营的帐篷里谋划决策,能决定千里之外战争的
　　　胜负。

✿斩草不除根,萌芽依旧生。

译文:斩除杂草如不连根除去,它依旧会发出新芽,重新
　　　生长。

✿糟糠不饱者不务粱肉,短褐不完者不待文绣。

译文:连粗劣的食物都吃不饱的人,不会去寻求精美的饭
　　　食;连一件完整的粗布衣服都穿不上的人,不会去期
　　　望有刺绣的华丽服装。

✿朝露贪名利,夕阳忧子孙。

译文:对于一般人来说,年轻的时候往往贪图名誉和利益,
　　　年老的时候又忧虑子孙后代的生活。

✿知人者智,自知者明。

译文:能够了解别人的人是有智慧的,能够了解自己的人是
　　　更聪明的。

✿知者善谋,不如当时。

译文:聪明人再善于运用计谋,也不如把握时机更重要。

✿知足不辱,知止不殆。

译文:知道满足就不会受到屈辱,知道适可而止就不会有

危险。

✿直木先伐,甘井先竭。

译文:直的树木先被砍伐,甜水井先干枯。

✿止之于始萌,绝之于未形。

译文:对待错误,应该把它扼杀于刚刚萌生的时候。

✿治疾及其未笃,除患贵其未深。

译文:治疗疾病要在病轻微时就医治,消除祸害贵在祸殃未深之时。

✿治于神者,众人不知其功;争于明者,众人知之。

译文:将灾祸在酝酿初期就解除掉,众人不知道他的功劳;在明处相争而获胜,众人就知道他的功劳。

✿智者举事,因祸为福,转败为功。

译文:明智的人做事情,能把祸转化为福,将失败转变为成功。

✿众皆竞进以贪婪兮,凭不厌乎求索。

译文:众人都争着往上爬而且贪婪无比,他们大都是贪得无厌,永远没有满足。

✿舟覆乃见善游,马奔乃见良御。

译文:船翻之后才能看清谁是善于游泳的人,马跑起来之后才能看清谁是高明的车夫。

❁舟循川则游速，人顺路则不迷。

译文：船顺流行驶就快，人顺路而行就不会迷失方向。

❁追虎不可无退步，追贼不可无去路。

译文：追逐老虎，须给自己留下后退的地步；追赶窃贼，要给自己留下后退的道路。

❁自伐者无功，自矜者不长。

译文：自我夸耀的人没有功劳，妄自尊大的人不会长进。

❁做人不一定要顶天立地，但一定要堂堂正正；处世不一定要尽善尽美，但一定要问心无愧。

❁瞻前而顾后兮，相观民之计极。

译文：瞻望将来回顾从前，观察人民的意图要周全。